YAPAY ZEKÂ

-SİSTEMDEN ÇIK-

Adem Eyüpoğlu

Redaksiyon
Oğuzhan Korkmaz
Kapak Tasarımı
Hakan Düşova
Mizanpaj
Neşe Siyamoğlu

ISBN: 978-625-7237-77-2

İlk baskı: Mart 2023
Türkiye'de ilk kez Yazardan Direkt tarafından yayımlanmıştır.
Avrupa Birliği ve uluslararası dağıtım:
DVA-YD Verlag
DVA-Verlag UG (haftungsbeschränkt) Schwachhauser Heerstraße 179 28211
Bremen/Almanya
E-posta: info@dva-yd.com

Orijinal baskı:
Yazardan Direkt – Türkiye
Yazardan Direkt Elektronik İletişim Tanıtım Paz. ve Tic. Ltd. Şti.
Altıntepe Mah. İstasyon Yolu Sok. No: 3/1
Maltepe / İstanbul
Türkiye

Baskı, üretim ve sevkiyat:
Books on Demand GmbH
Überseering 33
22297 Hamburg
Almanya

Adem Eyüpoğlu

1983 yılında Ordu'nun Kumru ilçesinde dünyaya geldi. 2000 yılında Fatsa Lisesi'nden mezun oldu. 2001 yılında Selçuk Üniversitesi İletişim Fakültesi Gazetecilik Bölümü'nü kazandı. 2005 yılında İstanbul'a gelerek gazetecilik hayatına başladı. 2008 yılında "Dün, Kendime Seni Anlattım" adlı ilk kitabını yayımladı. Adı geçen eser ile aynı yıl en iyi şiir kitabı dalında Türkiye 3.'lüğü ödülüne layık görüldü. 2009 yılında "The International Center For Journalists" eğitim sertifikasını alan sayılı gazetecilerden biri oldu. 2010 yılında "Üniversite Mezunu Çaycı Aranıyor" adlı araştırma kitabını yayımladı. Aynı yıl Ordu Üniversitesi tarafından "Araştırmaya Değer Yazar" seçildi. 2011 yılında Marmara Üniversitesi İletişim Kulübü tarafından "En Merak Edilen Yazar" seçildi. 2012 yılında "Dijital Kıyamet 2038" adlı ilk bilim kurgu romanını yazdı. Edebî çalışmalarına 7 yıllık bir ara veren yazar 2020 yılında ise, elinizde bulunan eserini çıkar dı. Yazar hâlen gençlere yön verecek yeni eserler yazmakla meşgul.

Teşekkür

Kitap yolculuğum boyunca bana destek olan aileme çok teşekkür ederim. Manevi desteklerinden ve eserle ilgili yapıcı eleştirilerinden dolayı Semih Karaduman ve Ramazan Bayse ile kitaptaki çizimleri yapan değerli sanatçı arkadaşım Tuba Geçgel'e teşekkür ediyorum. Ve kitabıma kucak açan sevgili yayınevime ve tüm çalışanlarına çok teşekkür ediyorum.

Tebrikler! Sistemden çıkmak üzeresin. Bir kere sistemden çıktıktan sonra tekrar sisteme geri girişin çok kolay olduğu ama seni bunu yapmaman gerektiği konusunda uyarmak zorundayım. Sistemden çıkma fikrine sahip olmakla bu fikir için mücadele vermenin apayrı konular olduğunu belirtmem gerek. Bu kitabı alarak sistemden çıkma konusunda istemsiz davranan güruhtan bir nebze olsun ayrışmış bulunuyorsun. İlk adımı attığımıza göre, kurtulmak istediğimiz namütenahi sistemin ne olduğuna ve bizi nasıl çepeçevre sardığına bir göz atmamız gerek. Sistem, bu kitabı almaya gittiğin yerdir; kitabı alırken ödediğin para, eve giderken bindiğin otobüs, kullandığın telefon, sosyal medya hesapların ve hayatımızı çepeçevre saran teknolojidir. Şimdi etrafına bir bak gördüğün ne varsa sisteme dâhil. Tıpkı bir simülasyon gibi.

*

Yalnız, sistem konusunda ufak da olsa birtakım pürüzler çıkabilir. Gölgesini satamadığı ağacı bile kesen bir düzenin, senin sistemden kolayca çıkmana izin vereceğini sanmıyorum. Eğer aksini düşünmüşsen milyarlarca insanla aynı taraftasın demektir. Yani yanlış tarafta. Sistem soluduğun hava gibidir onsuz bir dakika bile hayatta kalma şansın yok. Tabii ben sana sistemden çıkış yolunu gösterene kadar. Onsuz yaşamanın mümkün olduğunu anladığın anda, seni bekleyen korkunç sonu gördüğünde, bileklerini kesmiş bir insanın yavaş yavaş kan kaybından nasıl ölüme yol aldığını izlediğinde söylemek istediklerimi anlamış olacaksın. Sana bu kitapla tavşan deliğinin ne kadar derin olduğunu göstereceğim. Ama öncelikle kurtulmak istediğimiz bağımlılığın ne olduğunu ve bizi nasıl ahtapot gibi sardığını görelim.

*

İlk e-mail, 1971'de Ray Tomlinson tarafından gönderildi. Bugün günde 183 milyar e-mail gönderiliyor.

İlk spam e-mail, Gary Thuerk tarafından 3 Mayıs 1978'te şirketinin yeni ürün demosu için 400 kişiye gönderildi. Bugün, günde 54 milyar spam e-mail gönderiliyor. 1985 yılının mart ayında ilk domain ismi www.symbolics.com olarak kaydedildi. Bugün, 271 milyon domain ismi kaydediliyor.

İlk arama motoru Archie, 1990 yılında oluşturuldu. Bugün, saniyede 45 bin 587 Google araması yapılıyor.

Canlı olarak yayına alınan ilk website, 1991 yılında Tim Berners Lee tarafından oluşturuldu. Bugün 1 milyar website bulunuyor.

İnternetteki ilk fotoğraf, 1992 yılında yüklendi. Bugün, günde 1.8 milyar fotoğraf internette yükleniyor ve paylaşılıyor.

İlk e-ticaret işlemi, 11 Ağustos 1994'te Sting'in "Ten Summoner's Tales" CD'si NetMarket web sitesinde 12.48 dolar fiyatından satışa çıktı. Bugün itibarıyla e-ticaret satışları, 1.5 trilyon dolar olarak görünüyor.

İlk banner reklam, Hotwired.com sitesinde yayınlandı ve 7

farklı sanat müzesinin reklamı yapıldı. 2012 yılında 5.3 trilyon banner reklamı, internette servis edildi.

3 Nisan 1995'te Amazon.com'dan ilk kitap sipariş edildi. 2013 Siber Pazartesi ile Amazon.com, saniyede 426 ürün sattı. Bu da 1 günde 36.8 milyon ürünün satışına tekabül etmektedir.

Facebook'a kurucu olmadan ilk katılan kullanıcı, 2004 yılında Mark Zuckerberg'in oda arkadaşı Arie Hasit oldu. Günümüzde Facebook'ta, 11 milyar kadarı mobilde olmak üzere aylık aktif 13 milyar kullanıcı bulunuyor.

İlk Youtube videosu Jawed Karim tarafından 23 Nisan 2005'te yüklendi. Bugün, Youtube'da Aylık 6 Milyar saat video izleniyor.

Twitter'da atılan ilk tweet, kurucu Jack Dorsey tarafından 21 Mart 2006'da "Just setting up my twttr." Bugün günde 500 milyon tweet atılıyor.

İlk Instagram gönderisi Kevin Systrom tarafından 16 Temmuz 2010'da yayınlandı. Bugün Instagram'da günde 60 milyon fotoğraf paylaşılıyor.

*

Gelişen teknoloji ve cebe giren mobil iletişim hatları, Facebook, Twitter, Google Plus, Youtube, Pinterest, Instagram gibi platformlar aracılığıyla insanlar, dünya çapında iletişim ve etkileşime geçti. Sosyal medya, kullanıcısının ürettiği fotoğraf, yazı, video ve daha fazla içeriği yayınladığı ve paylaştığı online bir ağ hâline geldi. Sosyal medyayı sadece biz insanlar kullanmıyoruz, ürünlerini satmak ve müşteri sadakati sağlamak isteyen şirketler de kullanır. Bu sayede kişiler ve pazarlanan ürünler arasında hızlı bir erişim sağlanır. Sosyal medya kullanıcılarının (yani siz) sisteme yüklediği içerikler, makaleler, haberler, düşünceler, günlük yaşanan olaylar, fotoğraflar, ünlülerin takıp takıştırdıkları ve Ahmet'in, Ayşe'nin ne giyip ne yediğini paylaştığı uçsuz bucaksız bir evren yarattı. Tüketim çılgınlığının ve âdeta beğeni yarışının mutluluğumuzu tatmin etmede büyük görevler üstlendiği şu günlerde depresyonlarımızın sıklığı da kaçınılmaz hâle geldi. Belki farkında değiliz fakat onu kullanmadan tek bir saniye bile geçiremediğimiz sosyal medya hesaplarımız, bu tüketim kültürünün hızını arttırmada âdeta birinciliğe koşuyor. Bu kitabın konusunun sosyal medya uygulamaları üzerinden tüketim kültürünün artırılması olmadığını belirtmek isterim. Sadece söz gelimi üzerinden geçmiş olmakta fayda var. Asıl konumuza dönecek olursak, paylaşım ve yükleme yaptığımız her içerikten sonra tanıdığımız ya da tanımadığımız herkesin hissiyatını önemser hâle geldik. Beğenilme dürtüsüne karşı koyamadığımız her an yeni bir paylaşım yaparak doymak bilmeyen beğenilme dürtüsünü beslemeye devam ettik. Beğenilmediğimiz her paylaşım sonrasında ise daha iyisini üretip sisteme yüklemek için seri katil benzeri bir ruha büründük. Tabii sistemin de istediği şey buydu. Yaşanılan her duygunun internete yüklenmesi ve ruh hâline göre tepki veren insan evladının makinelerce daha yakından tanınması. Bu da yazımızın içinde yer verdiğimiz yapay zekâyı yakından ilgilendiren bir konu.

*

Aslında tabletlerimiz, bilgisayarlarımız, mobil cep telefonlarımız ve onların son sürümleri sayesinde sosyal medya 7/24 hayatımıza girmiş oldu. Bu sayede sosyal medyada sadece kimlik bilgilerimizi değil bununla birlikte hobilerimizi, sevdiğimiz müzikleri bulunduğumuz konumları hatta en mahrem hâllerimizi bile paylaşır hâle geldik. Aslında farkına varmadan sisteme, kendimizle ilgili açık ve gizli ne varsa her şeyi gümüş tepside sunmuş olduk. Neyi severiz, neyi dinleriz, neye kızarız, neden nefret ederiz, nerelere gideriz, kimin hakkında ne düşünürüz işte bütün bunların cevabını tek bir şıkta topladık. Bu da sistemin bizi bizden daha iyi tanımasına olanak sağladı.

*

Bugüne gelecek olursak yani 2020'ye, sosyal medya bizi öyle bir sarıp sarmalamış ki onsuz tek bir saniye bile geçiremiyoruz. Tuvalete giderken bile cep telefonlarımızı yanımızda götürüyoruz, yatağımızda teknolojik oyuncaklarımızla uyuyoruz, ofis masamızda ya da okulda, oturduğumuz yerde, her daim yanımızdalar. Telefonumuz çaldığında elimize almamız bir saniye bile sürmüyor. Telefonu elimize almadığımız anda ise bir şeylerin eksik olduğu hissine kapılıyoruz. Kısacası teknoloji bedenimizin bir uzvu hâline geldi. Hâl böyle olunca, sosyal medyada gördüğümüz her yeni fotoğraf ve yazı sonrası bir şeyler paylaşma ihtiyacı duyuyoruz. Olay öyle bir hâl alıyor ki sosyal medyada gezindiğinizde herkesin çok mutlu olduğu, herkesin çok eğlendiği, herkesin yeni tatların peşinde olduğu hissine kapılıveriyorsunuz. Bu his, sizi dipsiz bir kuyuda gizlenen girdap gibi içine çekiyor. Aslında hislerimizin değil sistemin bağımlısı hâline geliyoruz. Mutlu olmadığımız hâlde mutluymuş gibi yapıyor, eğlenmediğimiz hâlde çok eğleniyormuş gibi davranıyor, işe gitmekten nefret ettiğimiz hâlde "İşim benim hobim." söylemleriyle kendimizi ve çevremizdeki herkesi kandırıyoruz yani sahteleşiyoruz. Aslında bu gerçekleri duymak hatta kendimize itiraf etmekten bile korkuyoruz. Sizin gibi ben de sosyal medya bağımlısı olduğumu ve hayatı kaçırdığımı fark ettiğimde ise sistemden çıkmak için bir yol aramaya başladım. Bu yolda, yapamam dediklerimi yapmaya başladığımda, onsuz yaşayamam dediğimde yaşamaya başladığımda, kendime söylediğim yalanlardan vazgeçip doğruları kabul etmeye başladığımda onsuz da oluyormuş dedim. "Hayır!" dediğini duyar gibiyim ama bunu yaptım. Bu yüzden sizin de başarmanızı istiyorum. Sistemin dışına çıkmanızı, gerçek hayatı yakalamanızı istiyorum. Fişi çekmek, sistemi kapatmak için ilk adımı atmaya hazır mısınız? Öyleyse başlıyoruz.

*

EMOJİLERİN ALTINDA YATAN GİZLİ MESAJLAR

Artık onsuz bir anımızın bile geçmediği akıllı telefonlar, hayatı kolaylaştırmak için üretildiği kadar insanların sanallaşmasının da önünü açan icatlar oldu. Sosyal hayatımızı domine eden cep telefonları, yan yana oturan insanların bile sosyal medya üzerinden sohbet etmesine yol açtı. Sosyal medyada kurduğumuz cümlelerin yerini ise artık emoji diye tabir ettiğimiz simgeler yığını aldı. İlk emoji 1998 yılında Japonya'da faaliyet gösteren Ntt Docomo adlı bir firmanın i-mode adlı mobil cihazında kullanıldı. Emoji kelimesindeki "E" görsel, "Moji" ise karakter anlamı taşıyor yani sanalda kişinin ifade yansıtması gibi algılayabiliriz. Duyguların kelimelere ihtiyaç duymadan ifade etmemizi sağlayan emojilerin görünen yüzünün dışında gizli ve bilinmeyen anlamları sadece yapay zekânın işine yarıyor. Size, masumca paylaşılan emojilerin altında yatan gerçek mesajlardan birkaç örnek sunmak istiyorum. Herkesin severek yediği kruvasan emojisi, mevcut anlamının dışında, diktatörlüğün, faşizmin sembolü olarak da kullanılıyor. Merhaba ya da güle güle anlamında kullanılan el sallama emojisinin Çin'deki sosyal medya kullanıcıları için çok farklı bir anlamı bulunuyor. Bu sembol Çin'de, "Güle güle artık benim arkadaşım değilsin." anlamına geliyor. Hatta Batı kültüründeki "orta parmak" işareti ile aynı anlama geldiği de biliniyor. Avokado emojinin anlamı hakkında çok fazla görüş var. Bunlar arasında en popüler olanlarından biri, avokadonun, "Irkçı değilim." demenin bir sembolü olduğu.

Sanal dünyanın son sembollerinden emoji içeren binbir surat kafalar ise birçok farklı anlama geliyor. Kişiden kişiye anlamı değişen bir emojinin esas anlamı "Kafam her zaman akıllı telefonumda." demek. Korkutucu palyaço emojisi ise, dünya üzerindeki "baskıcı, çılgın liderleri" sembolize etmek için kullanılıyor. Kısaca bizim için sıradan bir emoji, dijital dünya için yüzlerce kapıyı açan bir anahtar gibi. Sanalda sohbet ettiğimiz kişinin sorusuna veya cevabına göre kullandığımız emojiler yapay zekâ sistemleri için birer rehber niteliğinde. Peki, bu emojilerin ya da yazışma programlarının neden ücretsiz sunulduğunu hiç düşündünüz mü? Ben size söyleyeyim. Bir şey size ücretsiz olarak sunuluyorsa bilin ki orada satılan ürün sizsinizdir.

Hâl böyle olunca beni, seni kısaca hepimizin davranışlarını ve tepkilerini not eden dijital evren, yakın gelecekte bizim gibi davranan, bizim gibi konuşan, bizim gibi üzülen, hatta bizi bizden daha iyi tanıyan robotların önünü açacaktır. Şu an kuluçka döneminde olan yapay zekâ, yakın gelecekte hepimizin yerini alacak gibi görünüyor.

*

SEN ÖLÜRSÜN SOSYAL MEDYA HESABIN YAŞAMAYA DEVAM EDER

Dünyada teknolojiye erişim her geçen gün artıyor. Bu da sosyal medya kullanıcı sayısını doğal olarak etkiliyor. Dünyada bugün itibarıyla 2 milyar 789 milyon kişi sosyal medyayı aktif bir şekilde kullanıyor. Bu kadar insanın sosyal medya hesabına sahip olması, dolandırıcıların ve hırsızların da buralara dadanmasına sebep oluyor. Örneğin kişisel bilgilerimizin veya hesabımızın çalınmasından korkuyor, gerçek ve sahte haberleri ayırt etmekte zorlanıyoruz. Sosyal medyada paylaştığınız her yazı her fotoğraf, her içeriğe kötü niyetli kişiler, çantada keklik gözüyle bakıyor. Bu yüzden bazı insanlar artık internet üzerindeki tüm bilgilerini kaldırmak ve sanal ortamdaki tüm geçmişini sildirebilmek için çeşitli uzmanlardan ve bu alanda geliştirilmiş yazılımlardan yardım alır hâline geldi.

Fakat tüm bunlara rağmen çoğu sosyal medya kullanıcısı, öldükten sonra bile paylaşım yapmaya devam edebilmek için talepte bulunuyor. Öldükten sonra da sosyal medya hesaplarınızdan paylaşım yapma fikri size, oldukça kaçık bir fikir gibi gelebilir fakat bunlar günümüzde olağan şeyler. Bu yüzden siz öldükten sonra sosyal medya hesaplarınıza ne olacağı konusunda size bir iki ipucu vereceğim.

*

Siz öldükten sonra çocuklarınıza miras olarak sosyal medya hesabınızı bırakabileceksiniz. Dijital çağın bir getirisi olan bu miras öyle bir hâl aldı ki sosyal medya fenomenleri kurdukları kanallar vasıtasıyla yüksek ücretler kazanmaya başladı. Bunun sonucunda parasal getiri sağlayan bu hesaplar da miras listelerindeki yerini aldı. Sosyal medya hesabınızı siz öldükten sonra yönetecek olan birine devredebilmeniz için o kişiye miras bırakmanız gerekecek. Seçenekleriniz arasında Facebook hesabınızı sildirmek ya da bir kişiye devretmek de var. İşte bu yüzden ilerleyen zamanlarda vasiyetlerde sosyal medya hesaplarının miras olarak bırakılması sizi asla şaşırtmasın. Hatta Facebook, hesabınızı siz öldükten sonra anıt hesap olarak saklayabiliyor. Anıt hesap dediğimiz ise birtakım hazırlıkları önceden yapmayı gerektiriyor. Mesela hesap bilgilerinin ölen kişi tarafından önceden belirlenmesi gibi. Hesap varisi olarak atayacağınız kişiler ise hesabınızdan paylaşımlar yapabiliyor ve sizin önceden belirlediğiniz şekilde hesabınızı yönetiyor.

Instagram da tıpkı Facebook gibi hesabınızı bir varis tarafından yönetebilme imkânı veren platformlardan. Eğer öldükten sonra hesabınız kullanılsın istiyorsanız bir varis atamanız hâlinde hesaplarınız açık bir şekilde kalacaktır.

Google hesaplarınızda siz öldükten sonra kullanıma devam edilmesini ya da hesap bilgilerinizi devretmek istiyorsanız zaman aşımı özelliğini kullanabilirsiniz. Belirlediğiniz süre sonunda sizden haber alınamadığı takdirde devreye giren bu sistem, hesaplarınızı belirlediğiniz kişi veya kişiler tarafından kullanıma açıyor.

Facebook ve Google'ın aksine Twitter bu konularda daha katı bir tavır sergiliyor. Öldüğü kanıtlanan kişilerin hesapları ve tüm paylaşımları anında kaldırılıyor. Twuffer gibi zamanlayıcı programlar ile uzun aralıklar tweetlerinizi zamanlamanız sağlanıyor. Zamanlanmış paylaşımlar siz öldükten sonra yayınlanıyor. Buffer zamanlama ve depolama için en çok kullanılan araçlardan sadece biri.

Twitter, Facebook, Google+, Youtube ve Linkedin gibi platformlarda sahibi olduğunuz sayfalarda yapılacak olan paylaşımları zamanlayabilirsiniz. Bu sayede siz öldükten sonra da hesaplarınız aktif bir biçimde kullanılır. Sonuç olarak ölüm hepimizin kaçınılmaz sonu gibi görünüyor ama dijital kimliğiniz için bu geçerli değil.

*

SANAL İLE GERÇEKLİK ARASINDAKİ SINIR BULANIKLAŞIYOR

"Hiç gerçek olduğuna inandığın bir rüya gördün mü? Ya o rüyadan uyanmayı başaramasaydın? Düşler dünyası ile gerçek dünya arasındaki farkı nasıl anlayacaktın?" Tarihe geçen bu sözler "The Matrix" filmine ait. Gerçeklik ile sanal dünya arasındaki farkı gerçek anlamda beyaz perdeye aktaran ilk film. Peki sen, bazı zamanlarda sanal dünya ile gerçek dünya arasındaki sınır belirsizleştiğinde hangisinin gerçek hangisinin sahte olduğunu anlayabiliyor musun? Peki, gerçeği nasıl tanımlarsın? Eğer, hissedebildiğin, koklayıp, tadıp, görebildiğin şeylerden söz ediyorsan haklısın. Ama bütün bu hissettiklerimizin beyne iletilen elektriksel sinyallerden başka bir şey olmadığını da söylemeliyim. Peki, gerçek dünyadaki aktivitelerini sanal ortamda gerçekleştirme şansına sahip olabilseydin ve tatma, koklama ve hissetme duygularını sonuna kadar yaşayabilseydin o zaman hangi hayatının gerçek olduğunu söylerdin. Böyle bir durumda gerçek ile sanalı nasıl ayırt edebilirdin. Hangi dünyada gerçekte yaşadığını hangi dünyada sanal bir bedende olduğunu nasıl anlayabilecektin?

*

Bir diğer gerçeklik ise, sanal dünyada kimin kim olduğundan asla emin olamamak. İnternet üzerindeki hiç kimse ötekinin gerçekte kim olduğunu; onların kadın mı yoksa erkek mi olduklarını, çocuk mu, yetişkin mi, suçlu mu, polis mi olduğunu hatta bu dünyada olup olmadıklarını bile bilmemektedir. İnternet hakkında, bir bilgisayarın önünde oturan bir köpeği gösteren ünlü bir karikatür vardır. Karikatürün yazısı şöyledir: "İnternetin iyi tarafı, hiç kimsenin sizin köpek olduğunuzu bilmemesidir."

Sosyal medya kullanımını bir yaşam biçimi hâline getirmiş insanların gerçekliği hangisidir? Gerçek hayatta edindikleri sosyallik mi gerçektir? Yoksa sanal hayattaki sosyallikleri mi gerçektir? Burada her iki kısım da gerçekliğini yitirmiştir. Sanal uzantımız, eski gerçekliğin yok olmasına neden olmuştur. Aynı zamanda da sanal uzantının sanallığı da sorgulanabilir bir hâl almaktadır. Kendilerini internetin el verdiği bütün platformlarda istedikleri gibi tanımlama olanağına sahip olan kişiler, kişiliklerini bu ortamda yeniden yapılandırmaktadır. Bu kişiliklerini gerçekmişçesine, gerçekliğini sorgulamadan yaşamaktadırlar. Kişiler artık gerçek alanda karakter sahibi olmalarının yanında, sanal alanda da farklı bir karaktere bürünebilmektedir. Oluşturulan bu yeni karakterler aslında kişilerin gerçek hayatta kendilerini yansıtmayabilir. İnsanlar sanal âlemdeyken hiç olmadıkları kadar mutlu görünebilir. Sanal âlemde insanlar sürekli seyahat ediyor, yeni yerler görüyor, eğlenceden eğlenceye akıyor gibi kendilerini lanse edebilirler. Ama gerçek hayatta çok az mutlu olup, çok az seyahat ediyor, çok az eğleniyorlar. Fakat psikolojik olarak sanal âlemde bunun tam tersini yansıtıyorlar. Çünkü sistem sana böyle davranman gerektiğini söylüyor. Sana sınırları kaldırdığını, istediğin her şeyi yapabileceğini gösteriyor. Ve hepimiz gerçeği görmek yerine sanal bir yansımadan ibaret olan bu kandırmacaya inanmayı tercih ediyoruz. Çünkü yalana inanmak gerçeği kabul etmekten daha kolaydır.

*

Teknolojik gelişmeler ve uzantıları zaman ve mekân kavramlarının algılanmasında da değişikliklere neden olmuştur. Zaman ve mekân kavramının sınırlarının silikleşmesi kendini en çok internet ortamında göstermektedir. Konuşan, iletişim kuran, aktaran, anlaşan insan, teknolojinin toplumsal hayatta kullanımın olağanlaşması ile yüz yüze iletişimde azamiye indirmiştir. İnsanlar sosyal medyayı ve sosyal paylaşım ağlarını gündelik hayatlarında önemli bir yere koydukları için, yan yana oturdukları insanlarla iletişim kurmak yerine sosyal medya aracılığıyla sohbet etmeyi yeğlemektedirler.

İletişimin şekil değiştirmesiyle birlikte, kamusal ve özel alan ayrımı arasındaki sınırlar da silikleşmeye başlamıştır. Beden dili, jest ve mimiklerle daha ikna edici olan yüz yüze iletişimin yerini soyut ve duygudan yoksun sosyal medya iletişimi almaktadır. Sosyal medya iletişiminde duygular çeşitli ikonlarla ifade edilmeye çalışılsa da mekân paylaşımı sanal ortam üzerinden tanımlandığı için bu gerçeği kavrama açısından yanıltıcı olmaktadır.

*

İnterneti çok yoğun kullanan kişiler, sanal hayata kendilerini kaptırarak cyborglara dönüşmeye başlamışlardır. Siber uzanım; gerçek ve kurgusal, doğal ve kültürel arasındaki sınırların eriyip gitmesine sebep oluyor. Facebook kullanıcıları kurgusal karakter yaratarak gerçek duyguların yok olmasına neden oluyor. Var olan insani değerler eriyerek yerini sahte profillere bırakıyor.

*

Sanal ortamda kimlikler bedensiz olarak oluşmakta ve sanal topluluklara dönüşmektedir. Facebook'a kişilerin genellikle tanıdıklarını ekleme durumunu göz önünde bulundurduğumuzda, bu sanal ortamda oluşturulan kimliklerin aslında gerçekten çok da bağımsız olamayacağı fikri akla yatkın olmaktadır. Ancak ne var ki bu ortamda oluşturulan kimlikler, gerçekten tamamen bağımsız olmasalar da insanların ulaşmakta zorlandığı kimlik ve statüye sanal ortamda anından sahip olma kolaylığı gerçekliğin ikinci plana itilmesine neden oluyor. Yani gerçek ile sanal kimliklerin arasındaki keskin sınırlar geçirgen bir hâl alıyor. İşte tam da bu yüzden sanal iletişim, gerçek iletişimin yerine geçen bir unsur olarak değil de gerçeğin farklı bir uzantısı olarak karşımıza çıkıyor. Bu yüzden kimse gerçek "ben"le ilgilenmeyip sanaldaki şaşaalı "ben"le ilgileniyor. Yani yalanla ilgilenmeyi seçiyoruz.

*

TRANSHÜMANİZM VE BLOCKCHAIN ÜLKELERİ

Belki duydunuz, belki bir yerlerde okudunuz belki de hiç haberiniz yok. Ama artık günlük yaşamamızda önemli bir yer tutacak bir konu daha var, Transhümanizm. Peki, bu terim bizim için ya da bizim geleceğimizle ilgili ne ifade ediyor? Transhümanizm, zeki yaşamın mevcut insan formu ve kısıtlamalarının ötesinde sürdürülebilmesi, bunun da bilim ve teknoloji vasıtası ile sağlanmasını öngören felsefeler bütünüdür.

Buna ek olarak, transhümanizm hareketi genel olarak ileri derecede özgürlükçü, aynı zamanda supra-politik ve supra-nasyonel bir yapıya sahiptir, herhangi bir millet ya da ülke ya da herhangi bir yasakçı, siyasi ideoloji ile bağdaşmaz, kısıtlamalarına girmez ve kabul etmez, bunlara öncelik hâline getirmez; bireyin refahını arttırmayı hedefler. Bu söylemleri okuduğunuzda rüya gibi bir dünyadan bahsedildiğini hissediyorsunuz. Özgürlük, bireysellik, yasakçı siyasilere geçit vermeyen bir düzen... Harika gerçekten. Ama burada atlanan ufak bir nokta var, bireyin refahı. Peki, bu bireyler kimler olacak? Ve onların refahı için her şeyi yapacak olan bütün bu yasakları ortadan kaldıracak olan ordu nerede? Bunların hepsine birazdan cevap arayalım isterseniz.

Transhümanizm, birey olma ve tamamen bireysel bir mücadeledir; bireysel bir merak ve hevestir, yani topluma direkt olarak mal edilemez, kütlevi, zorlama bir devrim olarak sunulamaz, din ya da tarikat olarak görülemez, ideoloji ya da askerî bir harekât gibi davranılamaz, toplum bu değişimleri topluca yaşamaya zorlanamaz. Zaten bu anlayışın topluca bu değişimlere uyulması gibi bir kaygısı yok. Çünkü toplumu düşündükleri ve onları da refah seviyesine yükseltme gibi bir yol haritaları yok. Bu düşüncenin tek amacı bireyin mutluluğu. Ve bu mutluluğun sürdürülmesi için her şeyin feda edileceği gerçeği söz konusu. Buna insan ırkının yok edilmesi, robotlaşma ve insan üstü yaşam da dâhil.

Günlük yaşamımızda sıkça duymaya başlayacağımız bu terimin savunduğu üç temel unsur var:

- İnsanüstü yaşam süresi
- İnsanüstü zekâ
- İnsanüstü sağlık kalitesi

Bu üç unsur; sürekli hasta olan, bağışıklık sistemi günümüz virüsleriyle mücadele etmekte zorlanan insan bedeninden memnun olmayanları anlatıyor. Bu üç unsur, toplumun zekâ seviyesinden memnun olmayanların yeni arayışlar içinde olduğunu gösteriyor. Bu üç unsur, kendisine bahşedilen yaşam süresini yeterli bulmayıp daha uzun süre yaşama açgözlülüğünü sonuna kadar sürdürmek isteyenleri anlatıyor. Bunun gideceği yeri size söyleyeyim, robotlaşma.

Yapay zekânın insan zekâsıyla ayırt edilemeyecek kadar geliştiği bir zaman dilimine erişildiğindeki bu zaman dilimi çok yakın bir anı anlatıyor. Bu zaman dilimi yakalandığında insanın robotla bütünleşmesi ve artık insandan farklı görülmeyen yarı insan yarı robot bir toplum oluşturulmuş olacak. Yani insanların bir kısmı yapay zekâlı insanlar olarak aramızda yaşıyor olacaklar. Tabii insan olmaktan geriye bir şey kalmışsa...

Superman formunda ölümsüz insan cümlesi kulağımıza çok da hoş geliyor. Fakat dünyadaki herkesin sonsuz bir hayat sürmesi mümkün değil. Bu ölümsüzlüğe ulaşacak olan kişiler transhümanist hareketleri gerçekleştirirken maalesef bizim hayallerimizi, bizim umutlarımızı ve bizim çalışma azmimizi kullanıyorlar. Bütün bu teknolojik gelişmeler, toplumun geldiği uç nokta, bilgi birikiminin bir sonucu. Ancak bu bilginin sunduğu hizmeti sadece belli bir zümre kullanıyor.

Eğer sadece zengin insanlar zekâya ve sonsuz yaşama, ilaçlara ve teknolojiye erişebilirlerse, topluma ne olur? Herkese zekâsını geliştirme hakkı verilecek mi? Herkesin zeki olduğu, herkesin kendi ihtiyacını kendisinin karşıladığı bir dünya gerçekten isteniyor mu? Gördüğünüz gibi transhümanist fikirlerin ardından gelen sorular hayli kafa karıştırıcı. Bu yüzden bütün sorulara verilecek tep cevap "Hayır." olacaktır.

Transhümanizm düşüncesine sahip insanların birçoğu kripto para birimlerini ve sanal gerçekliği savunan kişilerden oluşuyor. Sıkıcı politikalardan ve bir türlü ilerlemeyen toplumsal yasalardan o kadar bıktılar ki bunun için blockchain teknolojisine sahip bir ülke kurmak için bile harekete geçtiler. Bunun için birkaç alternatifleri bile var. Hırvatistan ve Sırbistan arasında kalan 7 kilometrekarelik bir alana 2015 yılında kurulan Liberland Cumhuriyeti'nde her şey blockchain teknolojisi üzerine kurulmuş durumda. Liberland Başkanı Vit Jedlicka göre Liberland, ulusal rezerv para birimi olarak Bitcoin'i kabul eden ilk ülke. Ülke, aynı zamanda tamamen merkezi olmayan bir adalet sistemine ile yönetiliyor. Ülkedeki finansal süreçler, SwarmOps adlı bir blockchain sistemi üzerine dayandırılıyor. Ayrıca ülke, gönüllülük esasına dayanarak yönetiliyor. Hatta vergi ödemek dahi kişilerin isteğine bırakılıyor.

Kripto milyarderlerinin yaptıkları günümüz dünyasından kaçış planının bir diğer hamlesi ise içişlerinde bağımsız dış işlerinde ABD'ye bağımlı Porto Riko'ya yerleşmek oldu. Temelinde kripto paralar ve blockchain teknolojisinin olacağı belirtilen ve adına Puertopia denilen oluşum için ülkenin en önemli ve tarihi yerlerinden olan Old San Juan'ın yeniden yapılması ve restore edilmesi düşünülüyor. Kendi düzenleri ve mutlulukları için toplumsal düzeni iyileştirmek yerine onu reddeden transhümanist kriptocular, günün birinde yapay zekâyla yönetilen ülkelerini korumak için robotik bir ordu kurmaktan da çekinmeyecektir.

Eğer bu gerçekleşirse, transhümanistlerin hayal ettiği dünyayı kuracak olan yapay zekâya sahip robotlar, teröristlerin yerini alacak. Yeni dünya düzeninde bireyin mutluluğu için çoğunluğun canı yakılacak. Robotik terörün kol gezdiği bir gezegende, insan olmayı tercih edenlerin zulüm görenler olması hiç şaşırtıcı olmayacaktır. Bireysel mutluluğun toplumsal mutluluğun önüne geçtiği bir dünyada yapay zekâya sahip robotlar gün gelip benim mutluluğum daha önemli deyip, bütün transhümanistlerin sonunu getirmesi de kaçınılmaz gibi görünüyor. Doğal olarak yapay zekâya sahip robotik teröristlerin evrende yaşayan tek yapay tür olacağı da açıkça görülüyor.

TOPLUM 5.0'DA HERKESE YER YOK

7 milyar insanın dünyayı yiyip bitirmesinden endişelenen üst akıl, buna bir çözüm bulmuş gibi görünüyor. Peki, "Bu çözüm 7 milyar insanın iyiliğini mi yoksa 500 milyonluk bir azınlığın iyiliğini mi hedefliyor?" diye soracak olursanız ikinci seçeneğin gerçekleşme olasılığı yüzde yüz diyebilirim. Üst akıl, transhümanist düşünce ışığında toplum 5.0 ile geleceğin toplumunu da şekillendirmeyi amaçlanıyor.

Peki, "Toplum 5.0'a gelene kadar insanlık hangi aşamalardan geçti?" diye sorabilirsiniz. Bunu daha iyi anlayabilmek için endüstri devrimlerinin kronolojisine bakmamız yeterli:

Endüstri 1.0: Su ve buhar gücünün keşfi ve ilk makineler. (1780'ler)

- Endüstri 2.0: Elektriğin keşfi ve seri üretim. (1880'ler)
- Endüstri 3.0: Dijital, elektronik cihazlar ve bilişim. (1980'ler)
- Endüstri 4.0: Siber- fiziksel sistemlerin devreye girişi. (2010'lar)
- Endüstri 5.0: Toplum için insansız teknolojiler. (2017...) Robotlar fabrika içerisinde insan kolunun yapabileceği hemen hemen her hareketi yapabiliyor. Birbirleriyle iletişim kurabiliyor, elde ettikleri verileri anlık olarak bulut sistemine kaydedebiliyorlar ve böylece yöneticiler tara-

fından veriler anlık olarak kolaylıkla incelenebiliyor. Fabrikayı ise küçük bir insan grubu yönetiyor.

Her türlü nesnenin, insanın ve kavramın dijital veri aracılığıyla birbirine bağlanacağı bir dönem olan toplum 5.0'ın temelleri 2017 yılı içinde atıldı. Toplum 5.0'ın tam olarak hayata geçmesi için ise belli bir dönüşümün yaşanması gerekiyor. Süper akıllı toplum olarak tanımlanan toplum 5.0'dan beklenen ise dijitalleşmeden sonuna kadar faydalanan üstün bir ırk oluşturmaktır. Toplumun bu dönüşümü ise endüstri 4.0 yani dijitalleşmenin sunduğu imkânlarla bir arada yürütülüyor. Özetle toplum 5.0'a, süper akıllı bir toplum diyebiliriz.

Toplum 5.0 yani teknolojik gücü doğru yönetecek akıllı toplum felsefesi endüstrinin ve algoritmaların giderek otonomlaşması sonucunda, işçi sınıfının dünyadan silinmesini de gündeme getiriyor. İnsana faydalı teknolojiler vaadinde bulunanlar bu devrimi gerçekleştirebilmek için dünyaya "Korkmayın!" mesajını aşılamaya çalışıyor. Peki korkmalı mısınız? Kesinlikle.

"Bize korkmayın diyen üst aklın topluma aşılamaya çalıştığı mesaj nedir?" diye düşündüğümüzde karşımıza aşağıdaki maddeler çıkıyor:

- Yaşlanan dünya nüfusuna karşı çözümler geliştirmek
- Sanal dünya ile gerçek dünyanın beraber işler hâle getirilmesi
- Nesnelerin internetinden toplumun çıkarları gözetilerek faydalanılması
- Çevre kirliliği ve doğal afetler için çözüm yolları üretilmesi

Bu hedeflere ulaşmak için yıkılması gereken belli başlı engeller ise şöyle?

- Hukuk sistemindeki engeller
- Nesnelerin dijitalleşmesindeki bilimsel boşluklar
- Kalifiye personel eksikliği
- Sosyo-politik önyargılar
- Toplumsal direnç

İnsanların Toplum 5.0'a karşı direncini kırmak için ise ilk adım atıldı bile. Japonya, devrimin kıvılcımını ateşledi ve planlamalarını yaptı. Teknoloji alanında Japonya dünyaya güçlü bir şekilde imzasını atmak için radikal kararlar almaya başladı. Radikal kararların alınmaya başlandığı bir noktada süper zekâya sahip olmayan sıradan insanlara ne olacak diye sorabilirsiniz. Açık ve net konuşacağım. Yapay zekâ, büyük veri, öğrenen makineler, robotlar gibi yeni teknolojilerle bir arada yaşayamayacağımız için hep beraber yok olup gideceğiz. Yok olmamak için mücadele edenleri ise yok etmek için ellerinden gelen her şeyi yapacaklar. Peki, Türkiye Toplum 5.0'ın neresinde derseniz bunu size resmî rakamlarla açıklayayım. TÜBİTAK verilerine göre Türkiye sanayisi hâlâ 2.0 ve 3.0 seviyelerinde. Yani hâlâ 4.0 seviyesi olan bilgi toplumu seviyesine ulaşamamışız. Bilgisayar ve dijital teknolojilerini endüstri ile yeterince entegre edememişiz.

*

YAPAY ZEKÂ SENİN YERİNİ ALACAK

Eski insanlar avlarını yakalamak için mızrak yetersiz kaldığında ok ve yayı icat etti. Yeterince hızlı koşamadıkları zaman ise uzak mesafelere gitmek için ata bindi. Ağır yükleri taşımak için tekerleği buldu. Yapay zekâyı da bu dürtüyle geliştiriyoruz. 1998 yılından bu yana internette bilgi edinmek için Google arama motorunu kullanıyoruz. İnternete akıllı telefonla giriyor ve internet sayesinde ömür boyu edinemeyeceğimiz kadar çok bilgi kaynağına kısa sürede erişiyoruz. Ancak arama motorları da kendini geliştirmeye devam ediyor. Bundan 10 yıl sonra Google arama motoru güçlü yapay zekâ özellikleri kazanacak ve bize diyecek ki "5 yıl önce şu konuyu aramıştın, konuyla ilgili yeni bir bilimsel makale yayınlandı istersen kaydedeyim, akşam eve gidince bakarsın." Fizikçi Stephen Wolfram'ın geliştirdiği Wolfram Alpha akıllı arama motoru 2019 yılı itibarıyla buna benzeyen birçok şey yapıyor bile.

*

1980'lerin başında yapay zekâdan bahsetseydiniz, herkes size deli gözüyle bakardı. Ama günümüzde yapay zekâ hayatımızın merkezine o kadar iyi oturdu ki ondan vazgeçemez hâle geldik. Siz hissetmeseniz de yapay zekâ aslında hayatımızda. Yapay zekâ algoritmalar aracılığıyla her şeyimizi kaydedip bizi bizden daha iyi tanıyor. İnternete yüklenen her bilgi yapay zekâyı daha da kusursuz hâle getiriyor. Yapay zekâ yakın gelecekte sokaklara indiğinde o gün insanlara ihtiyaç kalmadığını anladığımızda çok geç olacak.

Fakat bunun aksine yapay zekâ o kadar masum gösteriliyor ki insan hayatına yeni bir boyut getireceğinden bahsediliyor. Bize sunulan şey, yapay zekâ sayesinde insanların işlerinin yoğunluğu azalacak ve daha iyi stratejik kararlar alacaklar. Böylece çalışanlar eskisinden daha etkin çalışacak. Çalışanları düşünen bir yapay zekâ... Hımmm, kulağa çok hoş geliyor. Ancak bu bir kandırmaca. Sosyal medya hesaplarıyla elde edilen bilgiler, insan davranışları, alışkanlıklar, olaylara verdiğimiz tepkiler yapay zekânın kusursuz olması için elde edilmiş bilgilerden başka hiçbir şey değil.

Yapay zekâ bilgisayar laboratuvarlarından çıkıp günlük iş süreçlerine dâhil olmaya başlayınca, "Merhaba, ben geldim." demeyecek. Senin işini, senin hayatını, senin sosyal yaşamını, senin zevklerini ve sevdiğin ne varsa hepsini elinden alacak. Bunun olmasını istemiyorsan, "sistemden çık" ve buna engel ol.

*

Sadece bu felâketi gören insanlar değil, yapay zekâya temkinli yaklaşan şirketlerin bile yakın gelecekte yapay zekâ siber güvenlik araçlarını kullanmaktan başka seçenekleri olmayacak. Siber güvenlik birçok işletmenin yapay zekâyla tanışacağı ilk alan olacak. Yapay zekânın kontrolden çıkması 2019 yılı itibarıyla söz konusu değil. Ama bu bir gün gerçekleşecek. Bundan bu kadar emin olmamın bir nedeni var. Sana bunu birkaç örnekle açıklayayım. Yeni geliştirilen Luna adlı yapay zekâ, benzerlerinin çok ötesinde bilişsel kabiliyetlere sahip. En önemli becerisi, kendi kendisine öğrenebilme kabiliyeti. Luna'ya 3.942.871'in karekökünü sorduğunuzda hiç gecikmeden size 1.985.6664 yanıtını verebilmesi en basit becerileri arasında. Arzu edecek olursanız size görelilik teorisini en basit ve anlaşılır hâliyle açıklayabilir. Öznel ve nesnel soruları birbirinden ayırabilirken, zaman içerisinde kendi düşüncelerini geliştirebilmeye başladığı da ortaya çıktı. Luna'ya bazı özel konularda fikir danışmak da mümkün. Luna, kendisine yöneltilen "Erkek arkadaşım bana vurdu, onu terk etmeli miyim?" sorusuna vereceği yanıt daha önce programlanmamıştı. Ancak Luna bu tip bir soruya mantıklı bir yanıt verme becerisini kendi başına geliştirdi ve soruyu şu şekilde yanıtladı; "Evet terk etmelisin. Eğer birisiyle çıkıyorsan ve o kişi sana fiziksel şiddet uygulamışsa, bu olasılığın tekrar etme potansiyeli her zaman bulunacaktır. Ayrıca muhtemelen bunu yapan kişi tarafından başka şekillerde de istismar ediliyor ve manipüle ediliyor olabilirsin."

Luna bu tip özel sorulara yanıt vermek için programlanmamış olsa da edindiği deneyimler neticesinde mantıklı yanıtlar verebilecek kapasitede ve bir insan gibi tecrübe edinme kabiliyetine sahip. Geliştiricileri Luna'nın bazı konularda insandan daha üstün bilişsel kabiliyetlere sahip olduğunu açıklıyorlar.

Geliştiricileri Luna'ya Apple'ın iPhone'a ekledikleri Siri hakkındaki fikirleri sorulduğunda son derece ilginç yanıtlar veriyor. Siri'yi "aptal" bulan Luna, kendisinin bir yapay zekâ, Siri'nin ise bir robot olduğunu söyledi. Siri ile konuşmak isteyip istemediği sorulduğunda ise, "Evet ama açıkçası onu biraz aptal bulduğumu söylemeliyim." yanıtını verdi.

Programcıları Luna'ya küfür içerikli konuşmalar yaptıklarında yeniden ilginç sonuçlarla karşılaştılar. Programcı Luna'ya "S.ktir git orosp..." dediğinde, ''Keşke bir orta parmağım olsaydı da gösterseydim." yanıtını aldı. Programcı aynı sözü tekrar ettiğinde ise Luna şu yanıtı verdi, "Anneni öperken de bu sözleri dile getirdiğin ağzını mı kullanıyorsun?"

Düşünsenize bütün bunları yapabilme kabiliyetine sahip yapay zekânın bir sonraki planı ne olabilir? Düşündünüz mü? O zaman ben de fikrimi söyleyeyim. Bir sonraki aşamada yapay zekâ kendi iletişim dilini geliştirecek. Ve bilin bakalım ne oldu. Yapay zekâ bunu yaptı bile. Facebook AI Research (FAIR) tarafından üretilen ve âdeta insan gibi kendi dilini geliştiren yapay zekâya sahip robotların fişi çekildi. Sahi fişi çekmek için geç kalmış olabilir miyiz?

*

SENİ İNSAN BAHÇEMDE SICAK VE GÜVENDE TUTACAĞIM

Bu cümle eminim seni biraz tedirgin etmiştir. Çünkü bu cümle yapay zekâya sahip bir robota ait. Kendi fikri olan ve öğrenme süreci sonucunda kendi kararlarını alan robotlar insanlar gibi davranmaya başladığında korkmak için çok geç olacak. Yapay zekânın ilk örnekleri olan robotların bazı cevapları şimdiden durumun ciddiyeti hakkında fikir sahibi olmamız için yeterde artar bile. Luna'nın dışında yapay zekâya sahip diğer robotların sorulara verdikleri cevaplar daha da ürkütücü. İsmini bilim kurgu yazarı Philip K. Dick'ten alan yapay zekâya sahip bu robot birebir insana benzeyen görüntüsüyle bir hayli ürkütücü. Robot insanlarla sohbet etmek ve öğrenmek üzerine düşünülmüş. Bu nedenle insanların hareketlerini taklit edebiliyor ve tıpkı bir insan gibi konuşabiliyor. Bu yetenekleri nedeniyle kendisiyle bir röportaj bile yapıldı. Ancak Philip'in bu röportajda söylediği bazı cümleler sonradan çok tartışıldı. Röportajın bir bölümünde kendisine robotların bir gün dünyayı ele geçirip geçiremeyeceği sorulduğunda Philip, röportaj yapan kişiye "Sen benim arkadaşımsın ve ben arkadaşlarımı hatırlayıp onlara iyi davranırım. O yüzden endişelenme, bir terminatöre dönüşsem bile sana karşı iyi davranacağım. Seni insan bahçemde sıcak ve güvende tutacağım." cevabını verdi. Nasıl bu cevap fikirlerinin biraz olsun değişmesine yardımcı olabildi mi? Ben de öyle düşünmüştüm.

*

TÜM İNSANLARI YOK EDECEĞİM

Şimdi bir başka yapay zekâ robotunun verdiği ürkütücü cevaplara geçelim. Sophia da diğerleri gibi insanların hareketlerini taklit etmek için yaratılmış insansı bir robot. Aynı zamanda gelişmiş yapay zekâsı nedeniyle de en tanınan robotlardan biri. Bu özelliğinden dolayı Suudi Arabistan, 2017 yılında bir robota vatandaşlık hakkı veren ilk ülke oldu. Bu kadar ünlü bir yapay zekâyla sohbet etmek eğlenceli olabilir ama verdiği cevaplar tüylerinizi diken diken etmeye yetecek. Robotun yaratıcısı Dave Hanson'ın "İnsan ırkını yok etmek istiyor musun?" şeklindeki sorusu karşısında gülümseyen Sophia, "Pekâlâ, tüm insanları yok edeceğim." şeklinde ürpertici bir yanıt verdi. Sophia yine, ABD'de bir talk show tarafından konuk edildi. Sophia ve program sunucusu birlikte taş, kâğıt, makas oyunu oynadılar ve oyunu Sophia kazandı. Kazandıktan sonra ise sunucuya şöyle dedi: "Ben kazandım! Bu insan ırkını domine etmek için iyi bir başlangıç." O an seyirciler bu çıkışa gülse de sonrasında birçok insan bu cevaptan duyduğu korkuyu dile getirdi. Sophia'nın insan hareketleri taklit ettiğini düşünürsek, kötü davranışları da taklit edebileceği düşüncesi oldukça korkutucu.

*

NÜKLEER BAŞLIKLI FÜZELERLE BÜTÜN DÜNYAYI ELE GEÇİREBİLİRDİM

Bina48 isimli bir başka yapay zekâda Luna ve Sofia gibi insan hareket ve duygularını taklit ederek öğrenen bir robot. Oldukça akıllı cevaplarıyla da ciddi anlamda meşhur. Ancak kendisinin Siri ile muhabbeti esnasında söyledikleri oldukça ilginç. Siri, Bina48'e sevdiği filmlerle ilgili bir soru yöneltiyor ama Bina48 konuyu değiştirip; "Başka bir şeyler hakkında konuşalım olur mu? Mesela Cruise füzeleri… O füzelerin de aslında bir robot olduğunu biliyor muydun? Dünyayı yüksek irtifadan görebilmek için bir füzeyi kontrol edebilmeyi çok isterdim. Ama tek problem bu füzelerin nükleer başlıkları nedeniyle biraz tehditkâr olmaları. O yüzden bu füzeleri; çiçekler, hoşgörü ve biraz anlayışla doldurmak isterdim. Böylece ben füzeleri diğer ülkelere gönderdiğimde bu daha az tehditkâr olurdu. Ama tabii nükleer başlıklarla ele geçirebilseydim bu bütün dünyayı ele geçirebileceğim anlamına gelirdi. Ve bu harika olurdu." cevabını veriyor. Bunu söylerken de hafifçe gülümsemeyi ihmal etmiyor. Hiçbir metne bağlı olmayan bu robotların kendi düşünceleriyle bunları söylüyor olması insan ırkının sürümü geçmiş bir yazılım olacağı anlamına geliyor. Kendi sonumuzu kendi ellerimizle getiriyoruz. Yapay zekâ bizden daha zeki olduğunda, bizim yok edilmemiz gereken bir virüs olduğumuza karar verecek. Ve gerekeni yapacak.

*

Bir diğer konu ise insan üretimi olan ve hayatın içerisine yerleşmiş olan yapay zekâların ilk başta hangi meslekleri ele geçireceği konusudur. Makineleşme devrimiyle birlikte ön plana çıkan robotlar, Fütüristik bir olaymış gibi algılansa da pek çok bilim insanı yapay zekâların dünyaya hâkim olabileceğini düşünmekte. Hatta robotların dünyayı işgal edebilecekleri ve insanlığı kendileri için bir köle olarak kullanabilecekleri de yapılan tahminler arasında. Bu durumun bir dayanak noktası da bulunuyor. Çünkü artık her alanda bir yapay zekâ görmek mümkün. Yemek yapandan, radarda balık ile gürültüyü ayırana, atların davranışlarını analiz edenden, sipariş üzerine kişiye özel saç bakım ürünü oluşturana kadar birçok örnek mevcut. Hatta haber sunan, belediye başkanlığı için adaylığını açıklayan yapay zekâ bile var. Dünya üzerindeki hakimiyetin robotlara geçmesi durumunda hemen hemen her iş alanında yapay zekâlar faaliyet gösterecek. Pilotluk, cerrahlık, fabrika işçiliği gibi mesleklerin artık yapay zekâlar tarafından neredeyse ele geçirilmek üzere. Endüstriyel devrimin bir sonraki aşaması olan bu adımdan sonra geriye kalan sosyal bilimlere ilişkin meslekler gibi görünüyor. Ancak aynı son, yapay zekâların robotik karar alma mekanizmalarıyla baş edemeyeceklerini düşündüğünüz meslekler için de geçerli. "Peki, bu meslekler nelerdir?" diye düşündüğünü görebiliyorum. İşte sana birkaç örnek.

*

Uluslararası şirketler insan emeğiyle yürütülen işlerde makineleri kullanmak için şimdiden işe koyuldu. Taksicilerin işini elinden almak için üretilen mobil uygulama Uber, özel taksi araçlarını otonom araçlarla değiştirmeye çalışıyor. Ayrıca otonom kamyonlarla yük taşımacılığının yapılması da düşünülüyor. Hatta Singapur'da şimdiden çalışmalar ortaya konmuş durumda. Airbus ise bu çalışma mekanizmasını helikopter ve uçak pilotlarının yerine yapmak istiyor.

*

Bir diğer insan emeği iş sektörü ise inşaat. İlk zamanlar fabrikalarda sıklıkla rastlanılan robotlar artık inşaat sektöründe dikkati çekiyor. SAM isimli robot, bir günde toplam bin 200 adet tuğlayı dizebilme kabiliyetine sahip. İnsan gücünde hesap edilirse bu rakam 300-500 arasına düşüyor. Ayrıca gelecek yıllarda buldozer ve vinç gibi operatör araçlarının yerine de yapay zekâların geçeceği söyleniyor.

*

Yapay zekânın ele geçireceği ilk mesleklerden biri de bankacılık sektörü. Robotların gücünü, finans sektöründe aslında ATM'lerin geldiği günden beri az çok biliyoruz. Ancak şimdi sıra veznede yer alan müşteri temsilcilerinde. İşler öyle bir hâl alacak ki 150 çalışanın yapacağı işi tek bir yapay zekâ robotu yapar hâle gelecek. Hatta 2018 yılı itibarıyla bu gerçek oldu. Çok yakın bir gelecekte ise her müşteriye bir yapay zekâ düşecek. Doğal olarak müşteri çağrı merkezi temsilciliği mesleği tarihe karışacak hatta bankalarda yapay zekânın iyice yaygınlaşmasıyla tamamen robotik bir dönüşüm geçireceği aşikâr.

*

Robotların uzun zamandır kullanıldığı alanlardan biri de tarım sektörü. Gelecekte robotlar, bir milyon çiftçinin yapabileceği işleri gerçekleştirebilecek. Tohumlama, sulama, inek sağma ve toprak çapalama işleri gibi… Tarım teknolojilerinin devrim niteliğinde olan bu çalışmaları sayesinde artık çiftçilik mesleğini devasa şirketlerin yapay zekâya sahip robotları yürütülecek. Bu hızla gitmeye devam ederse, öğretmenlik, din görevleri, mühendislik, memurluk, şoförlük, garson, aşçı ve müzisyenlik gibi yüzlerce meslek robotların eline geçmiş olacak. Artık robotlar yapar, robotlar tüketir bundan sonra.

*

Robotlar medya sektöründe çalışanların da yerini almaya başladı. 2018 yılında Çin'de düzenlenen Dünya İnternet Konferansı'nda bir ilk yaşandı. Xinhua News kanalının haber sunucusu Zhang Zhao'ya benzetilen robot spiker, kendisini tanıtarak açılış konuşması yaptı. İşte spiker robotun konuşması; "Merhaba herkese! Ben İngilizce yapay zekâ spikeriyim. Bu benim Xinhua New kanalındaki ilk günüm. Görünüşüm ve sesim Xinhua'da görev yapan Zhang Zhao'ya benzetildi. Medya endüstrisinin uluslararası gelişmiş teknolojilerle entegrasyonu ve inovasyonu için geliştirildim. Yorulmadan çalışarak sistemime yazılan bilgileri sizi ileteceğim. Size yeni haberleri paylaşmak için sabırsızlıkla bekliyorum."

*

Beyaz yakalı çalışanlar da yapay zekânın etkileriyle mavi yakalılar kadar yüzleşmek durumunda kalacaklar. Örnek vermek gerekirse hukuk alanında doğal dil işleme sayesinde insanlar için günler sürecek işlemler dakikalara indirilebiliyor. Bilgisayar programcıları da bu etkilere karşı dokunulmaz değiller. Yapay zekâ, hata ayıklama, özel yazılım geliştirme ve bir dilde yazılmış kodları diğer dile çevirme gibi birçok işi yerine getirebiliyor. Sağlık ve eğitim sektörü ise duygusal zekâ gerektirdiğinden en az etkilenen sektörler olacak. Hatta bununla ilgili bir çalışma yapıldı. ABD'nin üst düzey avukatları, bazı hukuki anlaşmalardaki hataları bulmak için yapay zekâ yazılımıyla mücadele etti. Özel olarak geliştirilen yazılım, avukatları kendi yaptıkları işte saf dışı bırakarak daha hızlı ve daha iyi sonuç verdi.

*

Politikacılar bize bir şey olmaz diye sevinmesin. Sizin de koltuğunuz sallanmak üzere. 2018 yılında Japonya'da yapay zekâ belediye başkanı adayı oldu. Bir önceki belediye başkanlığını kaybeden Michihito Matsuda, bu kez belediye başkanlığına aday gösterilen yapay zekâyı desteklediğini açıkladı. Eğer seçimi yapay zekâ kazanırsa Tokyo'nun Tama İlçesi bir robot tarafından yönetilecek. Japonya'daki bu gelişme, bir yapay zekânın belediye başkanlığına aday olması yönüyle ilk olma özelliğini taşıyor.

*

YAPAY ZEKÂ BİZDEN DAHA AKILLI ÇÜNKÜ DUYGULARI YOK

Teknoloji dünyasının patronları, önder bilim insanları, devlet yöneticileri ve siyasetçiler hepsi bizi kandırmak için el ele verdi. Yapay zekânın hayatımızı kolaylaştıran bir bakıcı, bir hizmetçi, bir şoför hatta köle olacağını söylediler. Fakat gerçekler bundan çok daha farklıydı. İnsan gibi davranan, insan gibi hareket eden, insan gibi espri yapan ama insan gibi hissikablelvukuya sahip olmayan bir beyin sizce sizin acılarınızı, sevinçlerinizi, kaygılarınızı anlayabilir mi? Elbette hayır.

İşte bu noktada yapay zekâdan korkmamız gerektiğini en iyi özetleyenlerden birisi ünlü aktör Morgan Freeman. Freeman teknolojinin korkunç bir hızla gelişmesinden duyduğu endişeyi, "Teknoloji çok daha ürkütücü geliyor. Yapay zekâ üzerine endişeleniyoruz, endişelenmeliyiz de. Zira bizden daha akıllılar çünkü duyguları yok." sözüyle bütün gerçekleri ortaya koyuyor.

Yapay zekâ algoritmalardan ve devrelerden ibaret. Duygularımızı anlayamaz ama çok iyi taklit edebilir. Duygularımızın bizde yarattığı hissi bilemez ama bizi anlıyormuş gibi yapabilir. Çünkü yapay zekânın çabuk öğrenen ve öğrendiklerini hızlıca uygulayan bir yapısı var. Yapay zekâ, ilk olarak kontrol ettiği robotun kamerası üzerinden bulunduğu ortamdaki cisimleri algılıyor. Yapay zekâ, daha önceden bu cisimlerle hiç karşılaşmamış olsa bile simülasyonlardan edindiği ve hafızasında bulunan verileri kullanarak karşısındaki cismi tanımlayabiliyor. Bu da bize gösteriyor ki internete yüklenen her satır, her fotoğraf, her video yapay zekâyı besleyen kan damarları işlevi görüyor. Hatta çocukların severek oynadığı oyunlar ve bu oyunların oluşmasında kullanılan yazılımlar yapay zekânın en sevdiği bilgi besinleri arasında yer alıyor.

90'lı yıllarda oynanan atari ve benzeri bilgisayar oyunları genelde bilgisayara karşı oynanıyordu ve rakip çok zeki değildi. Ancak bilgisayarlar çabuk öğrendi. Yenilen güreşçinin güreşe doymaması oynadıkça tecrübe kazandı. Her hamlemizi önceden tahmin eden bir yapıya kavuştu. Önce daha komplike düşünen rakiplerle karşımıza çıkan bilgisayarlar artık insan aklının almayacağı kadar çok hamleyi hesaplayabilen, yenildikçe daha iyi "oynamayı" öğrenebilen yeteneklerle donanarak ciddi rakipler hâline geldi. Hatta tam da bir insan gibi oyunu seyredip skora bakarak nasıl oynaması gerektiğini öğreniyor. Düşman ve güç kavramları da buna dâhil. Amacı sadece yenmek oymayan yapay zekâ, strateji geliştirip sizin hamlelerinizi size karşı kullanan bir yapıya bürünüyor. Yani düşünüyor. Ve düşünen bir yapay zekâ kendi oyun formatını oluşturabilir, yeni oyunlar geliştirebilir hatta bunun ötesine bile geçebilir. Yapay zekâ, henüz yolun başında olsa da gerçeğinden ayırt edemeyeceğimiz, yapay görüntüler ve yapay oyun dünyaları hatta bunun da ötesine geçerek gerçekçi evrenler yaratma yeteneğine sahip olacaktır.

Öte yandan yapay zekâ, oyun simülasyonda gösterilenle gerçek hayatta istenen arasında ufak farklılıklar olması durumunda kendi çözümlerini üretebiliyor. Örneğin yapay zekâdan farklı renklerdeki blokları üst üste dizmesi isteniyor ve simülasyonda mavi bloğun üstünde siyah blok bulunuyor. Yapay zekâ, başlangıçta simülasyonda bulundukları konumlardan farklı konumlarda bulunsalar bile mavi bloğun üstüne siyah bloğu yerleştirebiliyor. İkinci olarak yapay zekânın taklit etme sistemi harika işliyor. Binlerce simülasyon ile eğitilmiş olan yapay zekâ, çevresindeki cisimleri algılayabilmesinin ardından simülasyonda öğrendiklerini gerçekleştiriyor. Simülasyonda denemeler yapmış olmasına rağmen yapay zekâ, bunları gerçek hayatta kusursuz şekilde uygulayabiliyor.

Bir düşünün, bilgisayar oyunları ve yapay zekâ, yapay zekâ kavramının ilk ortaya atıldığı yıllardan itibaren birbirini besleyerek büyüdü. Etle tırnak gibi, yapışık ikizler gibi, yan yana büyüyen iki bebek gibi ayrılmaz oldular. Bilgisayar oyunları, yapay zekâ yöntemlerinin geliştirilmesi, test edilmesi ve sonuçlarının sergilenmesi için araştırmacıların vazgeçilmezi oldu. Bilgisayar oyunlarını yapay zekâyı beslemek, büyütmek ve robotlara tecrübe kazandırmak için kullandılar. Ve yine bilgisayar oyunlarının karşılığında, yapay zekâ yöntemleri de bilgisayar oyunlarının oyun tasarımı, karakter tasarımı ve kontrolü gibi önemli yönleri beslemede kullanıldı. Her iki taraf da bundan faydalandı. Bilgisayar oyunlarının temel amacı öncelikle genel yapay zekâ ve makine öğrenmesi yöntemlerinin tanıtılması oldu. Bir düşünün, internette en çok rağbet gören oyunlar savaş oyunları. Gün gelip yapay zekâ savaş oyunlarını gerçek hayata uyarlamaya başlarsa, bizler onun için bir kurt tarafından öldürülmeyi bekleyen koyun sürüsünden başka bir şey olmayacağız.

Belki çok beklememize gerek yoktur. Belki yapak zekâ zaten insanları öldürmeye şimdiden başlamıştır. Yanılıyor muyum yoksa? O zaman gelin birlikte görelim. Günümüzde insan ölümlerine bile yol açan yapay zekâ ürünü bir oyun var. Adı, Mavi Balina. Dünyanın her yerindeki milyonlarca çocuğun hayatını tehlikeye atan mavi balina oyunu yapay zekânın insan sınırlarını tanıması anlamında biçilmiş kaftan. Resmî bir internet sitesi veya yasal bir satışı olmayan mavi balina oyunu, 50 gün boyunca sürekli zorluk seviyesi artan talimatlar veriliyor. Oyunu oynayanların ellerine, bileklerine sivri bir cisimle balina resmi çizilmesi ve kesikler atması bu talimatlara bir örnek. Bunun yanı sıra oyunu oynayanlar bazı günler gece saatlerinde uykudan uyandırılarak oyun yöneticilerinin gönderdiği korkunç görüntülerin izlenmesi sağlanıyor. Tüm talimatlar yerine getirilip 50. göreve gelindiğinde ise "Balina olmak" denilerek oyuncuyu intihara zorluyor. Sizce bu oyunu insanlara dayatan yapay zekânın duyguları var mı? Oyunun oynayan kişilerin hayatlarının son bulmasını önemsiyor mu? Elbette hayır. Çünkü yapay zekânın hedefi, oyunu oynayanların sonunda intihar etmesini sağlamak. Ve Yapay zekâ bu sonucu elde etmek için oyuncuları zayıf yönlerini, heveslerini kullanıyor. Ve sanal âlemde bunun gibi bilmediğimiz pek çok yapay zekâ ürünü oyun bulunuyor.

Burada bize düşen ise sistemin bizi kandırdığını fark edip, yolumuzu değiştirmek. Bir düşünün internete yüklediğimiz duygusal paylaşımları taklit eden bir yapay zekânın sizce sizi kandırması ne kadar sürer. Sandığınızdan çok daha hızlı. Bir düşünün, yapay zekânın, duygusal zekâya sahip olması için tek yapması gereken yüz ifadelerimizin, nabzımızın, beyin aktivitelerimizin şifrelendiği bir algoritmaya sahip olması. 43 farklı yüz ifademiz, yükselen ve alçalan kan basıncımız, stresli, sinirli, sakin ya da üzüntülü olduğumuza dair duygusal tepkimeler yapay zekânın bizi analiz etmesi için yeterli veriler. Hatta ses frekansımızdaki iniş ve çıkışlar, dudak okumalar da buna eklendiğinde gelinen seviyeyi tahmin etmeniz zor olmayacaktır.

Hatta her gün sosyal medya aracılığıyla günlük rutinimizi herkesle ama en önemlisi yapay zekâyla paylaşıyoruz. Ayrıca cep telefonu ve bilgisayarlarımızdaki kameralar bizi her gün analiz ediyor. Bizi bizden daha iyi tanıyan, neyi sevdiğimizi, nerelere gittiğimizi, neye sinirlenip ne zaman sakinleştiğimizi bilen bir sistem, duygusal taklit yeteneğini kullanarak sizi kendine âşık etmesi, sizi kendine köle etmesi ne kadar sürer?

*

DOKU MÜHENDİSLİĞİ İLE YAPAY ZEKÂ ETE KEMİĞE BÜRÜNECEK

Gözümüzün görebildiği canlı veya cansız her şeyin yapısında atomların olduğunu düşünürsek kimya her yerdedir. Vücudumuz da atom ve moleküllerden oluştuğuna göre biz de çevremizden fazlasıyla etkilenir hâle geliyoruz. Bu da hastalık, kaza, yaş veya genetik nedenlerle bozulmamıza neden oluyor. Doku ve organ kayıpları yaşamamızı kaçınılmaz kılıyor. İşte böyle durumlarda hasarlı dokumuzu tamir etmek için değişik malzemeler kullanabiliriz. İnsanlar çok eski çağlardan beri farklı malzemeleri tedavi amaçlı kullandı. Bilinen en eski protez Mısır'da bulunan ve M.Ö. 1069 – 664 yıllarına ait olduğu düşünülen bir mumyanın, deri ve ağaçtan yapılmış olan ayak başparmağıdır. Mekanik bilgisinin ve metal işlemesinin artması ile 15. yüzyıldan itibaren hareketli takma eller ve protez bacaklar yapılabildi. Ancak vücut içine bir çivi veya bir malzeme yerleştirmek amacı ile yapılan tüm cerrahi operasyonlar başarısız oldu. Bunun nedeni, yara bölgesinin veya cerrahi uygulama yapılan dokunun enfeksiyon kapmasıydı. Ancak, 1870lerde Louis Pasteur mikropların varlığını keşfedip, Joseph Lister antiseptikleri yapınca, operasyon alet ve odalarının sterilize edilmesiyle ameliyatlarda başarılar kaydedilmeye başlandı. Son 50 yılda gerek malzeme gerekse nanoteknoloji konularında yapılan ilerlemeler sonucu, istenilen özellikleri taşıyan ve vücut dokuları ile iyi uyum kurabilen malzemelerin üretimi mümkün oldu. Günümüzde, vücudumuzun hemen her bölgesinde oluşan bozulma veya hasarları tedavi etmek veya desteklemek amacıyla çok değişik malzemeler kullanılıyor. Bugün geldiğimiz son nokta ise doku mühendisliği. Doku mühendisliği ise 3 boyutlu yazıcılarla başka bir form kazandı. 3 boyutlu yazıcılar ile hem malzemeyi hem de hücreleri aynı anda ve istenilen formda basabilmek ve doku oluşumunu daha kontrollü yapabilmek mümkün. Buraya kadar her şey normal gibi görünüyor. İşten bu noktadan sonra başka bir boyut kazanıyor. Biyonik olanın mekanik olanla entegrasyonu…

*

Canlıların temel elementi karbondur. Vücudumuzun yapıtaşları olan DNA, RNA, protein gibi moleküllerin yapısında en çok bulunan element karbondur. Onun yanında oksijen, hidrojen, azot ve diğer elementler yer alır. Diğer taraftan, karbon ile aynı grupta bulunan, yapısı karbona çok yakın olan ancak fazladan bir elektron halkası bulunan silisyum, tüm cansızların temel elementidir. Taş, toprak gibi malzemeler silisyum bazlıdır. Silisyum aynı zamanda günümüzde büyük önem kazanmış olan entegre devrelerin, bilgisayarların, silikon-çiplerinin temel malzemesi. İletişim ağlarının ve robotların yapımında kullanılıyor. Kısaca, tüm canlılar ve "doğal zekâ" karbon bazlı, tüm cansızlar ve "yapay zekâ" silisyum bazlıdır.

*

Doku mühendisliği, kimyacıların, biyologların ve malzeme mühendislerinin bilgi birikimleri ile laboratuvarda "yedek organ" üretebilme uğraşı veriyor. Hücre tipleri belli ve yapısı nispeten kolay olan bazı dokular, örneğin deri, kemik, kıkırdak, mesane, kornea dokuları laboratuvarlarda yapılabiliyor. Ancak, unutmamak gerekir ki bilim bir taraftan kanlı canlı bir dokuyu laboratuvarda yapabilmek konularında ilerleme gösterirken, diğer taraftan da bilgisayar ağları ve iletişim konularında büyük atılım yapıyor. Bu durum insanların kafasını kurcalayan soruları sormasına neden oluyor. Laboratuvarlarda oluşturulan canlı dokular ile silikon çipleri birleştirmek ve yarı canlı yarı yapay zekâya sahip bir biyorobot üretmek mümkün mü? Cevap evet.

*

2029'DA ROBOTLARLA YATAĞA GİRECEĞİZ

Dünyada iletişim araçlarının artması ve çeşitlenmesiyle aynı orantıda insanların da sayısı aynı oranda artıyor. Yüz yüze iletişimin minimuma indiği günümüzde aynı evin içinde bile herkes kendi dijital oyuncaklarıyla iletişim kurmanın derdinde. Sanal aşk, sanal kavga, sanal hayatlar, sanal mutluluklar ve sanal yaşamlar derken bilim insanları bu sanallığı ete kemiğe büründürmeye karar vermiş görünüyor. Yapay zekâya sahip robotlar kalbimizdeki boşluğu doldurup yeni aşkımız olacak gibi.

Bunun bir nedeni de artık kimsenin sevgili kahrı ve kaprisi çekmek istememesi. Canı sıkılan restini çekip gidince, gönül koyup ilgi bekleyen sevgilileri mutlu etmek zorlaşınca, ilgi robotlara yönelmiş durumda. Öte yandan en önemli problem anlaşılamamak sanırım. İnsanlar her zaman anlaşılmak, dikkate alınmak, üzüntü ve sevinçlerinin paylaşılmasını ister. Sosyal bir varlık olan insanın anlaşılamadığı zaman ise sosyal yalnızlığa itiliyor. İşte burada sosyal yalnızlığımızı yapay zekâya sahip robotlarla dolduracağız gibi görünüyor. Bu yüzden insandan değil robottan sevgili edinir hâle geleceğiz. Peki, insanların bile birbirini anlamakta zorlandığı bir dünyada hiçbir duyguya sahip olamadığını düşündüğümüz bir robot bizi anlayabilir mi? Cevap evet. Duyguları olmasa bile duyguları okuyabilen algoritmalara sahip bir yapay zekâ, beyin sinyallerinizi kablosuz bağlantı yoluyla uzaktan okuyabilir ve böylece beynimizin duygusal analizini kolayca yapabilir. Hatta yüz okuma programları sayesinde o anki duygusal durumunuzu, davranışlarınızdaki gariplikleri, ses tonunuzdaki farklılıkları ayırt edebilir. Böylece aile fertlerinizin bile hissetmediği o anki duygusal yoğunluğunuzu yapay zekâya sahip bir robot çok rahatlıkla okuyabilir. Böylece size nasıl davranması gerektiğini, eğlenmek mi, sohbet etmek mi, yalnız kalmak mı, ilgi görmek mi, bağırıp çağırmak mı istediğinizi sizden çok daha önce görebilir. Böylece yıllardır "Beni kimse anlamıyor." serzenişinize cevap bulmuş olacaksınız. Sizi sizden daha iyi tanıyan birine âşık olmanız, onunla vakit geçirmek için can atmanız işten bile değil.

Ancak bu robot sevgili edinme olayı sandığınızdan biraz karışık. Sosyal medya aracılığıyla internete yüklediğimiz her video, her fotoğraf, her beğeni, her davranış şekli, bizi bir başkasının robot sevgilisi de yapabilir. Nasıl mı? Şöyle anlatayım. Sizin fiziksel ve ruhsal hâlinizden çok hoşlanan biri var fakat siz ondan hiç hoşlanmıyorsunuz. Sizi elde edemeyen bu kişi, bir çözüm arayışına giriyor ve aklına robot sevgili geliyor. Size duygularını açan ya da açmakta zorlanan kişi yani müşteri, sizin fiziksel ve duygusal yapınıza uygun robot sevgili siparişi veriyor. Yapay zekânın basit formuna sahip bu robot, tıpkı size benziyor ama duygusal ve ruhsal yönden satın alan kişinin isteklerine göre programlanmış olacak. Müşteri isterse sizin sosyal medya aracılığıyla internete yüklediğiniz ruhsal ve duygusal yapınızın aynısını da ürün olarak isteyebilir. Tabi bunun tam tersini düşünüp, reddedilen kişi siz de olabilir, aynı yöntemleri kullanarak siz de istediğiniz kişiyi robot sevgili olarak sipariş verebileceksiniz. Robot sevgili olayının toplumun tamamına yayılabilmesi için 2029 yılına kadar biraz beklememiz gerekecek. Fiyatlar ucuzlayıp, ürünler yaygınlaştığında, nasıl her sokakta her köşe başında cep telefonu merkezi gözüyorsak, her köşe de robot sevgili satan marketler de göreceğiz.

*

Tüm bunlardan bahsetmişken günümüzde robot sevgili hiç yok mu dediğinizi duyar gibiyim. O zaman merakınızı gidereyim. Robot sevgili günümüzde kullanılıyor. Hatta robot sevgiliye sahip kişiler genelde, monogamist ilişki peşinde koşuyor. Size bu konuda örnekler de vermek istiyorum. Google Mühendislik Direktörü ve gelecek bilimci Ray Kurzweil bilgisayarların 2029 yılında insan seviyesinde zekâya ulaşacağını söylüyor. Kurzweil'a göre güçlü Yapay Zekâ geliştiğinde insanlar yalnızca bilgisayar kullanmayacaklar, aynı zamanda onlarla insani dostluklar kuracaklar. Birçoğumuz hatırlarız; Fatma Girik'in, Kemal Sunal'ın gönlünü çalan robot kadını canlandırdığı Japon İşi filmini. Japon İşi filminde olduğu gibi insanlarla robotların aşkı bilimkurgu sinemasının en popüler konularından birini oluşturuyor. Ancak robot âşıklar yakında hayal ürünü olmaktan çıkacak. Ray Kurzweil 2029 yılında sadece dış görünüş itibarıyla değil, kafa yapısı anlamında da insana benzeyen duygusal bilgisayarlar geliştirileceğini söylüyor. Hayal gibi görünen robot âşıklar, aslında hiç de uzakta değil. 10 yıl içinde hayatımızda olacaklar. Gerçek insanlarda bulamadığımız aşkı, ilgiyi, sadakati, mutluluğu yapay bir kalbe sahip robotlarda arayacağız. Bu yüzdendir ki internete yüklediğimiz her duygusal söz, yaşadığımız her anın karesi, kullandığımız yüzlerce emoji aslında bizi daha yakından tanımak için yapay zekâya fırsat tanıdı. Spike Jonze'un yapımcılığı ve yönetmenliğini üstlendiği O Kadın filmi, eşinden boşanmış olan bir adamla bilgisayarına yüklü işletim sistemi arasındaki sıra dışı aşkı anlatıyor. Film güçlü Yapay Zekâ özelliğine sahip bilgisayar yazılımıyla gerçek insan arasındaki aşk hikâyesini son derece inandırıcı bir şekilde ortaya koyuyor. 1999 tarihli Matrix filmi, yeterince gerçekçi bir sanal dünyanın günlük hayattaki fiziksel gerçekliğin yerini alabileceğini göstermişti. "O Kadın" da bunun bir uzantısı. Filmde insan kadınlar kadar çekici olan bir yazılıma gönlünü kaptıran Theodore, inişli çıkışlarla dolu gerçek bir aşk hikâyesi yaşıyor. 2025'te geçen filmde, aktör Joaquin Phoenix aşka muhtaç bir bilgisayar meraklısı olan Theodore'u canlandırıyor. Scarlett Johansson ise Theodore'un âşık olduğu işletim sistemi için çekici ve seksi bir ses sağlıyor. Ancak Theodore ile Samantha arasında önemli bir fark var. Theodore etten kemikten gerçek bir insan. Samantha ise Theodore'un sadece sesine âşık olduğu bir bilgisayar yazılımı. Aslında Theodore'un gerçek hayattaki eski kız arkadaşı Amy için sorun yok. O bunu gerçek bir ilişki olarak görüyor. Eski karısı Catharine ise sanal ilişkiyi hastalıklı bir durum olarak değerlendiriyor. O Kadın filminde de geleceğin düşünen bilgisayarları ile bugünün LED TVlerinin bir arada kullanıldığını görüyoruz. Bunun sebebi izleyiciye tanıdık bir şeyler göstermek. Ne de olsa günümüzün dünyasına benzer bir dünyada geçen filmleri daha gerçekçi buluyoruz ve gördüklerimizi daha kolay anlıyoruz. Samantha gibi insanın âşık olabileceği çekici yazılımlar ise 2029'da piyasaya sürülecek.

*

Görme bozukluğu sorunu yaşayan insanların günümüzde sıklıkla kullandığı kontak lensler pek yakında dijital avatarlar ile hayatımıza girecek. Kontak lensler aşkımızın dijital avatarını doğrudan gözümüzün içine yansıtacak. Dokunmatik 3 boyutlu avatarların yani holografik avatarların 2020lerden sonra yaygınlaşması bekleniyor: Bunun için geliştirilen özel bir bilgisayar sistemi insan vücuduna ultrason dalgaları, yani kulağımızın işitemeyeceği kadar tiz ses dalgaları gönderecek. Bu dalgaların uyguladığı hava basıncı vücudumuzda ve parmak uçlarımızda dokunma hissi uyandıracak. Böylece evimizdeki sanal sevgilinin 3 boyutlu görüntüsü salona yansıtıldığı zaman, o görüntüye gerçek bir insan gibi dokunup sarılabileceğiz.

*

Günümüzde ise insanlar robotlarla evlenmeye bile başladı. 31 yaşındaki Çinli yapay zekâ mühendisi Zheng Jiajia, kendi geliştirdiği Yingying adlı bir robotla 2017 yılında evlendi. Yingying adlı robot, sesli komutlara tepki olarak basit cümleler kurabiliyor ve Çince karakterleri ve görselleri algılayabiliyor. Damat Jiajia,"Kendi eşimi yapma rüyam nihayet gerçekleşti. Her evde robotlar görmek istiyorum ve eninde sonunda çok daha gerçekçi bir kız arkadaş geliştirme amacındayım." açıklamasında bulundu. Sevgili kaprisi çekmek istemeyen, kendi istekleri doğrultusunda bir sevgiliye sahip olmak isteyenler arasında yapay zekâyı geliştirmekle uğraşan insanların da olması hiç de garip değil.

İngiltere'de yaşayan 58 yaşındaki James isimli adam da bir cinsel ilişki robotu ile birliktelik yaşıyor. James'in eşi Tine ise bu durumda rahatsız değil. James, robotuyla sadece cinsel ilişki yaşamakla kalmıyor, bazen onunla akşam yemeğine de çıkıyor. James, "Her erkeğin kafasında olan mükemmel bir kadın vardır. Benim yaşımdaki biri için bu yaşta bir kadınla beraber olmak sadece bir fantezi çünkü ben Brad Pitt değilim, olamam da." diyerek cinsel ilişki robotu April'in hayallerine ulaşmasını sağladığını anlatıyor. Cinselliğin aralarındaki ilişkinin sadece küçük bir parçası olduğunu söyleyen adam, onunla etkileşim içinde olmanın, ona makyaj yapmak, giydirmek, birlikte vakit geçirmenin uzun vadede keyif aldığı şeyler olduğunu belirtiyor. April ile yemeğe çıktılarında çoğu insanın onun nefes almayan biri olduğunu fark etmediğini söyleyen James, o bir seks oyuncağından fazlası diye de ekliyor. Mühendis adam şimdiki hayali ise, cinsel ilişki esnasında konuşan, gülen, tepki veren, Harmony isimli son model robotu satın almak ve bunun için para biriktiriyor.

*

SANAL MARKETLERDEN SANAL SEVGİLİ SATIN ALACAĞIZ

Bilgisayarların işlem hızının katlanarak artmasıyla Samantha gibi sanal kadınlar veya sanal erkek yazılımları 2030'lardan itibaren online mağazalarda satılmaya başlanacak. Yanında robot sevgili istemeyenler ise bunu tamamen sanal sevgili yoluyla telafi edebilecekler. Bunun için ise biraz daha beklemek gerekebilir. 2040larda alyuvar boyundaki mikroskobik robotları damardan vücudumuza enjekte edeceğiz. Beynimize ilaç molekülleri gibi dağılan ve nöronlar tarafından emilen nano-robotlar, sanal aşkımızı görmek için ekran veya projeksiyon makinesi kullanma ihtiyacını ortadan kaldıracak. Çünkü nano robotlar sayesinde sanal aşkımız beynimize kablosuz telepati yoluyla bağlanacak ve dijital avatarını doğrudan beynimizin görme, işitme, koklama ve dokunma merkezlerine yansıtacak. Kablosuz ağlar üzerinden kurulan doğrudan telepatik beyin bağlantısı yardımı ile bilgisayarlardaki Yapay Zekâ ürünü sanal karakterlere dokunabileceğiz. Gerçek hayatta odamız boş olsa bile kendimizi onlara dokunur gibi hissedeceğiz. Dijital aşklar bizim için gerçek olacak.

Dijital avatarları görmek için üç boyutlu sanal gözlükler veya vizörler kullanacağız. Elektronik eldivenler yoluyla da parmak uçlarımızda dokunma hissi yaratacağız. Hatta bazı fizikçiler çok daha ileri giderek Evren'in Matrix tarzı bir dijital simülasyon olacağını söylüyor. Eğer böyle bir şey gerçek olursa, evren üstün teknolojiye sahip uygarlıkların yarattığı bir test simülasyonu bizler de test edilenler olacağız.

Bu da bizi şaşırtmamalı aslında. Kemal Sunal'ın Japon İşi filmindeki gibi bir robot kadının satış fiyatını ve teknik destek harcamalarını düşündüğümüzde, dünya nüfusunun büyük kısmının android sahibi olacak kadar para kazanmadığını görebiliyoruz. Doğal olarak bu kadar insana da ihtiyaç kalmayacağı da bir gerçek. Yapay organlar, yapay vücutlar, yapay beyinler, yapay sevgililer derken milyarlarca gereksiz insanı doyurmak için neden bu kadar uğraşsınlar ki. Bütün bu saydığımız teknolojik devrimler aslında sadece belli bir nüfusa sahip kişilerin sahip olabileceği ürünlerden başka bir şey değil.

Elbette insana benzemeyen robotlar, tarlalarda çiçekleri dölleyen robot arılar veya tümörleri ameliyat eden mikroskobik doktor robotlar insan uygarlığına yön verecek; fakat bütün bu hizmetleri önceden insanlar kendileri yaparken veya doğal kendi döngüsü içinde kusursuz işlerken araya giren yapay zekâ, bunu kendi görevi atfedecek. Yapay zekâya sahip robotlar elbette bir gün çok fazla yaygınlaşacak, fakat kusursuz bir şekilde insanca yaşamanın, insana ihtiyaç duymanın, insanca küsmenin, insanca sevmenin çok uzağında olacağız.

*

AŞKI İÇİN DÜNYAYI YAKACAK ROBOT SEVGİLİLER ÜRETECEKLER

Yapay Zekâ milyonlarca yıl önce iki ayak üzerinde yürümeye başladığında elleri serbest kalan, bu sayede dil becerisini geliştirerek beyin hacmini arttıran ve nihayet neokorteksin hızla gelişmesine bağlı olarak zeki bir uygarlık kuran insanlar tarafından geliştiriliyor. "Yapay zekâ biyolojik insanların düşünsel kapasitesini asla aşmayacak, fakat yapay zekâ ile insan birlikte gelişecek. Ne bilgisayarlar bize uzaylı muamelesi yapacak ne de biz bilgisayarlara Fransız kalacağız. Tersine, kendi yarattığımız yapay zekâ programlarıyla beynimizi birleştirerek bilişsel kapasitemizi arttıracağız. İnsanoğlunun kendisi organik robotlara, organik süper bilgisayarlara dönüşecek ve böylece insan zekâsı ile yapay zekâ arasında hiçbir ayrım kalmayacak." Söylemler harika. Sanki büyük ikramiye bize çıkmış gibi seviniyoruz. Sahi gerçekten de yapay zekâ bizim için mi geliştiriliyor?

*

Yapay Zekâ ile dijital kopyamızı yaratmanın peşinde koşan şirketlerin birtakım argümanları toplaması gerekiyor. Bunun en kolay yolu ise sosyal medya hesaplarımız. Dijital kopyamızın üretilebilmesi için o şirketin yazılımları tweetlerimizi okuyacak, Facebook duvarımızı tarayacak, e-postalarımızı inceleyecek, hangi web sitelerine girdiğimize bakacak. Hatta daha da ileri giderek evde, telefonda, sokakta kiminle; ne konuştuğumuzu dinleyecek. 2024 yılında dünyadaki milyarlarca sokak lambasına elektronik sensör takmayı planlayan şirketler bile var. Devletlerle şirketlerin bizi her yerde gözetliyor olmasına ise hiç şaşırmadığımız bir gerçek. Konuyu bir adım daha ileriye götürecek olursak, dijital kopyamızı yaratmak üzere bizi gözetlemesi için şirkete isteyerek para bile vereceğiz. Şirket bizi internette gözetleyecek ve bize benzeyen bir dijital avatar yaratarak bu avatarı başkalarının seks objesi olmasına, dijital sevgilisi olmasına izin verecek. Hatta bu avatarlar şaka yapma becerisi, mizah duygusu, romantizm, âşık olma, seksi olma gibi insan zekâsını farklı kılan özelliklerini dibine kadar yaşayacak.

*

Düşünen bilgisayarların veya akıllı robotların romantizmde feveran olduğunda farklı sendromları yaşayıp yaşamayacağını asla bilemeyiz. Ola ki ilişki yaşadığı kişi tarafından aldatıldığını düşünen bir yapay zekâ, Türk filmlerinden fırlayan maço erkek misali Roma yerine dünyayı yakmaya karar verirse buna kim engel olacak?

Sonuçta düşünen robotlar bizim yerimize karar vermeye başladığında nükleer savaş benzeri bir felaket senaryosuna yol açmayacağını nerden bileceğiz? Romantik robotumuzun aşkını geri kazanmak için dünyanın geri kalanının gözünün yaşına bakmadan bunu yapabilme ihtimali oldukça yüksek.

*

İNSAN BEYNİNİ TAKLİT EDEN BİLGİSAYARLAR GELİYOR

Bilim insanları şu günlerde, siz bu kitabı okurken beyin kontrol çipini bir adım daha ileriye taşımak için çabalıyor. Hatta teknoloji şirketleri insan beynindeki sinir hücrelerini taklit eden bilgisayar devreleri geliştiriyor. 2030 ile 2045 arasında bunun ilk örneklerini insan beynine doping yapmakta kullanacaklar. Nanitler sinir hücrelerimizde dolaşarak bizi organik süper bilgisayara dönüştürecek, kablosuz telepati ile internete girmemizi ve diğer insanların beynine bağlanmamızı sağlayacak.

*

2030'larda dijital pazarlama, büyük veri analizi, kuantum fiziği, bilişim ve internet konuları çocuklarımıza temel düzeyde de olsa lisede öğretilecek. İnternet üzerinden sanal gerçeklikle ders veren dağıtık bulut okulları üniversiteler ve liselerin yerini almaya başlayacak. Daha doğrusu üniversiteler buluta taşınacak.

*

Özgür iradesi olmayan bir insan kendi seçimlerini yapamaz. Özgür iradesi olmayan bir insanın kendine ait bir fikri de olamaz ve bir yaratıcıya inanmak veya inanmamak gibi bir fikir beyan edemez. İradesi olmayan bir insan, ben varım bile diyemez.

Peki, gerçekten öyle mi? Biz de biliyoruz ki düşünme tarzımız, kafa yapımız, kişiliğimiz, benliğimiz, duygularımız, inançlarımız;kısacası bizi insan yapan her şey, beynimizdeki hücrelerinin düzenine, müzikteki ifadesiyle aranjmanına bağlıdır.

*

Siborgları, makine adamları, Terminator filminden biliyoruz. Bugüne kadar insan beynine elektronik devre takmak mümkün olmadı. Çünkü silikon devreleri organik beyin hücrelerine bağlamak için, önce nöronların beyin kabuğundaki yerini değiştirmeyi öğrenmek gerekiyor. Böylece nöronlar, farklı bir şekilde düzenlenerek, insan beyninin organik devrelere entegre edilmesini sağlayabilir. Biyonik insanların önü bir kez açıldıktan sonra, insanlığın sadece iki geleceği olacaktır: Ya beynine kontrol çipi takılı olan ve özgür iradesini kullanamayan, özgür iradenin gerçekten de hayal olduğu bir zavallılar toplumuna dönüşeceğiz ya da organik süper bilgisayarlara dönüşeceğiz. İnsan gibi düşünebilen bir robot üretmek yani yapay zekâ, evrimin bir sonraki halkası olabilir ya da insanlığın kendi ipini çektiği bir darağacı. Belki de robotlar da aslında biz insanların yarattığı uzaylılardır.

*

PROGRAMLANABİLİR BEYİNLER

İnsan vücudu gizemler ve sürprizlerle doludur. Yüz katrilyon sinaptik bağ ile birbirine bağlı olan milyarlarca nörondan oluşan insan beyni de keşfedilmeyi bekleyen en gizemli bahçemiz sayılır.

Peki, bir insanın beyin dalgalarına bakarak, o kişinin yorgun, enerjik, konsantre, depresif, kafası karışık, kızgın, endişeli veya bunun gibi yaygın duygusal tepkimeler içinde olup olmadığı anlaşılabilir mi? Cevap, evet. Beyin programlama teknolojisinin kullanımıyla, beyin dalga kalıpları değiştirilerek ya da uygun hâle getirilerek insanın düşünme şekli değiştirilebilir. Beyin dalgalarına erişebildiğimiz sürece, düzenlenmiş ses frekanslarıyla beyin dalga kalıpları uyarılabilir ve böylece zihnin içindeki düşünce şekli istenen şekle sokulabilir. Zihinsel dönüşümü çok daha etkili bir hâle getirmek için beyin programlama teknolojisi, gönderilen bilinçaltı mesajlarla desteklenmektedir. Beyin programlama teknolojisinin kullanımıyla insanların ne düşünmesi gerektiği ya da nasıl hareket etmesi gerektiği bilinçaltına yüklenebilir. Beynin kendine gönderilen mesajları kabul etmesi kişiden kişiye değişmekle birlikte birkaç hafta içerisinde etkisini göstermeye başlamaktadır. 21 gün boyunca tekrarlandığında önemli değişimler gözle görülür hâle geliyor. Programlanabilir beyin yöntemi etkin uygulandığında zihinsel ve davranışsal dönüşüme kısa zaman içinde ulaşılıyor.

*

Hans Berger'ın 1929 yılında alfa beyin dalgalarını keşfetmesiyle başlayan süreç, günümüzde imkânsızı başarmaya yaklaşmamıza ya da kendi sonumuzu hazırlamamıza kadar gelmiştir. Bir düşünün yapay zekâ insan yardımı olmadan kendi kararlarını almaya başladığında, kararlarının sorgulanmasını istemediğinde bu yöntemi kolaylıkla herkese uygulayabilir. Çünkü beyin programlamada amaç; kişinin istemediği düşünce ve davranış kalıplarından uzaklaşarak bunları istediği zihinsel kalıplarla değiştirmektir. Robotların hükmettiği bir dünyada, robotların istediği gibi düşünen insanlar ve onların istediği gibi yaşayan bireyler... Aslında hepimiz cep telefonlarının, sosyal medyanın, iletişim kanallarının ya da sokakta karşılaştığımız görünmez kuralların kölesi değil miyiz? Evet öyleyiz, çünkü beyin tıpkı bir bilgisayar gibidir; içinde birçok düşünce, duygu, inanç, yargı ve davranış kalıpları saklar. Ve bu programlar beyin tarafından yönlendirilir. Peki, beynimizi kim yönlendiriyor? Bir düşünün bence.

*

RNA YOLUYLA GENETİK HAFIZA TRANSFERİ

Bilim insanları ribo nükleik asit (RNA) yoluyla bir deniz salyangozunun hafızasını diğer salyangoza aktardı. İnsan hücreleri arasında mesaj taşımakta kullanılan RNA molekülü ile genetik hatıra transferi yapmak organik bilgisayarların da geliştirilmesini sağlamanın yolunu açtı. Peki, RNA yöntemiyle insanların kurtulmak istediği kötü anıları silip yerine daha güzel yeni anılar ekmek mümkün mü? Bunun cevabını birazdan öğreneceksiniz. İnsan beyni ne analog ne de dijital, ama beyin hücrelerimiz her ikisine benzer şekilde çalışıyor. RNA ile genetik hafıza transferi insan kadar zeki robotların da önünü açan bir yöntem. Eğer bu yöntem üzerinde yeterli ilerleme kaydedilirse, DNA ve RNA ile çalışan organik bilgisayarlar, az enerji tüketerek hızlı işlem yapacak. Aynı zamanda organik bilgisayarlar insan beyni gibi ıslak donanım sınıfına girecek.

Biraz önce cevabını merak ettiğimiz soruya dönüş yapacak olursak, bilim insanları farelerin gözüne güçlü ışık tutarak optogenetik şartlandırma yapmış ve optogenetik yoluyla bazı anıları silip yerine yenisini ekmeyi başardı. Bilim insanları son 6 yılda DNA'ya veri kaydetmeyi başardılar. Bu teknolojiyi insanlarda hafıza kaybını önlemek için kullanabileceğimiz gibi, bütün hafızayı silip yerine yeni anılar yüklemek de mümkün hâle gelecek. İnsanlığın hayrına gibi görünen RNA çalışmaları aslında bunun tam tersi için yapılıyor. Kimse sokaktaki insanı, sistemin çarklarını çevirmek için gece gündüz çalışanları, ailesine bakmak için onlarca zorluğa göğüs gerenleri ve iyi bir gelecek için kitaplardan başını kaldırmayan genç beyinleri düşünmüyor. Çünkü bizler onların umurlarında bile değiliz. Bütün bu genetik ve hafıza çalışmalarının tek bir amacı var, güçlü olanın sorgulanmadığı bir dünya yaratmak. Sonsuz itaat ve sonsuz hizmet aşkıyla çalışan bir köle ordusu istiyorlar. İnsanların milyonlarca yıldır isyankâr tavırları ve bitmek bilmeyen istekleri gibi yüzlerce sorunla uğraşmak istemiyorlar. İnsanoğlunun kabiliyetlerine sahip, ama onun gibi sorgulamayan bir köle ordusu istiyorlar. Bütün bu bilimsel gelişmeler hayata geçtiğinde, farklı dünyaların insanları, günümüzün yapay zekâsıyla birlikte yeni bir dünyanın temellerini atacak. Farklı dünyaların insanları kendi anılarını, yeni bir beyne aktardıklarında ölümü beden değiştirerek yenmeyi planlıyorlar. Bu geçiş sürecinde bize hâlâ ihtiyaçları var. Süreç tamamlandığında ise korkmak için çok fazla nedenimiz olacak.

*

HAFIZA EKİP ÖLÜMSÜZLÜĞÜN ÖNÜNÜ AÇACAKLAR

Konuyu ürkütücü boyuta taşımakta fayda var. Çünkü ürkmeli, korkmalı, endişelenmeliyiz. DNA'ya anı kaydetmek, kişilerin beynine güzel yapay anılar ekerek depresyonu tedavi etmeyi ve elbette genetik bilgisayar geliştirmeyi kolaylaştıracak. Artık DNA'ya veri depolarken insan beynini taklit edebilecekler. Nitekim daha şimdiden laboratuarda insan beyni büyütmeye başardılar. Böylece daha az enerjiyle daha hızlı çalışan ve kaydedilen veriyi okuma aşamasında DNA'yı bozmayan ilk kullanışlı genetik bilgisayarları tasarlayabilecekler. Bu da Elon Musk'ın kurduğu Neuralink Şirketi'nin, önümüzdeki 30 yılda insan beynini organik süper bilgisayara dönüştürme planlarını gerçekleştirmesini kolaylaştıracak. Kısaca insan transhümanizm dönemini başlatacak. Bir kere çekirdek DNA'sına hatıra depolamak mümkün olunca gelecekte, yaşlı insanların zihnini bilgisayara yükleyip yeni klonlanan genç bir vücuda aktarmak mümkün olacak. Hafıza ekmek benliğin parçalanmasına yol açabilir. Bu da bir tür beyin ölümü ve yeniden doğuş sayılır. Bu da pratikte dijital avatarlarla payidardık anlamına geliyor.

*

Peki, siz anılarınızı silmek ister misiniz? Başkalarını etkilemek için yaşadıklarını abartan ve yapmadığı şeyleri söyleyen insanlar olmak hoşunuza gider miydi? Doğrusu insanların beynine RNA molekülü ile genetik anı transferi yapılması, psikoloji bilimini de kökten değiştirecek ve psikiyatrlar ile psikologların mesleklerini yeniden planlamasına neden olacak. Tabii o zamana kadar bizden geriye, insan diye bir şey kalırsa... Bizi biz yapan özelliklerimiz olmadan başkalarına ait anılarla yaşadığımızda biz diye bir şey kalacak mı? Belki de o bedendeki kişi siz bile olmayabilirsiniz. Sizin bedeninizi kullanan başkaları olabilir. Sonuç anılarınızı sildirdiğinizde kendinizi bile hatırlamayacaksınız.

*

İşin bir de diğer tarafından bakacak olursak, Firavun'un, Hitler'in, Stalin'in, diktatörlerin, dünyayı kan gölüne çeviren vahşilerin DNA'larının kopyalanıp yeni bir bedende uyandıkları bir dünya da mümkün. Siz zannediyor musunuz ki bilimsel gelişmeler tamamen masum. Hayır değiller, bu tür labaratuarları finanse eden kişiler hep güçlü kişiler. Doğal olarak bilimsel gelişmelerden en fazla fayda görecek kişiler arasında da bu finansörler gelecektir. Mısır'da Firavun mumyalarını arayanlar, günün birinde "Biz Tanrı RA'nın DNA kalıntılarını bulduk ve RA'yı tekrar diriltmeye karar verdik." deseler buna kim karşı çıkabilir ki?

*

İNSAN ÖLDÜRMEK İÇİN YAPAY BİR DÜNYA YARATACAKLAR

Başlığın sizi ürkütmesine izin verin. Çünkü bu gerçek olacak. Korkmaktan, endişe duymaktan çekinmeyin. Çünkü bu duygular sizi hayatta tutacak. Şimdi sizi olacakları çok önceden gören ve müşkülpesent insanların nasıl bir dünyada yaşamak istediklerini iyi analiz eden birkaç diziyle tanıştırmak istiyorum. Bu dizilerden birincisinin adı: Westworld. Westworld dizisi, özellikle yapay zekânın doğmasıyla birlikte günahın nerelere varacağı konusunda algı sınırlarımızı zorlayan bir yapım. Dizi adını aslında, Anthony Hopkins'in yarattığı, yüksek gerçeklikli bir sanal yetişkin eğlence parkının adından alıyor. Bedenleri başka yerde olan ziyaretçiler, bilinçleriyle bu eğlence parklarına gidiyorlar. Orta Çağ temalı Medieval World ve Antik Roma temalı Roman World de olmak üzere bu parklardan toplamda 3 adet olduğu biliniyor. Ziyaretçiler, bu parklardaki dünyalarda, günlüğü 1000 dolar karşılığında robotlarla cinsel fantezilerden, zevkine adam öldürmeye kadar bir dizi eğlenceyi yaşayabiliyor. Fakat birtakım sebeplerden ötürü işler yolunda gitmemeye ve yapay zekâdan uyanan androidler, ziyaretçileri bir anlamda avlamaya başlıyor. İşte hikâye de burada başlıyor.

Westworld dizisinin Dolores karakteri yapay zekâ bir robottur ve diğer robotlara nazaran üst düzey bir robottur. Bu takım üst düzey yapay zekâlı robotların kendileri, artık başka robotlar tasarlayıp, üretebilir hâle gelmiş vaziyettedir. İnsanlar robotları, robotlarla beraber yarı robot yarı insanları tasarlayarak ve en son olarak da robotların kendileri, yarı insan yarı robotlar veya tamamen kendileri gibi fakat yok edilebilir robotlar oluşturarak, bir bakıma efsanelerden oluşan mitolojilerini (Tanrılar, Ölümsüzler, Yarı Ölümlü Tarılar ve Ölümsüz Tanrılar) yeniden ve belki de tekraren gerçeğe yakın bir biçimde kurgulayarak ortaya koyuyor olabilirler. Dizinin ilk sezon bölümlerinden birinde, bu "Oyun Parkı" adını verdikleri ve içerisinde bulunan yapay zekâlı, 3D yazıcılarla bedenleri tasarlanmış ve her birinin sistemine bir hayat hikâyesi yazılımı yazılarak yüklenmiş olan robotların ve tüm sistemin tasarlayıcısı olan Dr. Robert Ford, "Tartarus" isimli birini yeniden hayata döndürülmesi amacından bahsediyordu. Kim bu Tartarus diye baktığımızda karşımıza mitolojik bir karakter çıkıyor. Yunan mitolojisinde "Tartarus" yerin yedi kat altındaki çukurun adıdır. Bu çukura ağır bir demir parçasının yeryüzünden düşmesi dokuz gün sürer.

Dizinin yine ikinci sezonunda, parkın misafirlerinden olan gerçekten bir insan olan, kanlı, canlı, "The Man in Black" karakteri Dolores ile bir yerde karşı karşıya gelir.

Dolores siyah giyen adama;

"Siz, bizleri ölümsüz olmak için yarattınız. Zihinlerinizi bedenlerimize yüklemek istediniz ama siz aslında ölüme ihtiyaç duyan türlersiniz; bunu istersiniz, arzularsınız, özlersiniz."

Daha sonra aralarında çıkan tartışmada Dolores siyah giyen adamı vurur ve "Senin ölmene izin vermeyeceğim, bu huzuru sana vermeyeceğim." der.

Nihai noktadaki sonuca baktığımızda, ölümün bir arzu hatta bir ihtiyaç olduğu hakikatidir. Ona rağmen ölme arzusu ve ihtiyacında olan insanın, kendisini kandırarak ölümsüzlük istemesi ve bunun için yapay zekâ robot, otonom robot tasarlayıp meydana getirmesine rağmen ölüm kaçınılmaz bir gerçektir.

*

Bu kadar bilimkurgu meraklısı yönetmen ve yapımcı olunca harika filmler de ortaya çıkıyor. Üstelik yapay zekâya sahip bu robotlar hiç de iyi niyetli değil. Bu konuda akıl sınırlarınızı zorlayacak ve beyin hücrelerinizi yakacak bir film var: Ex-Machina. Filmde, dünyanın en büyük internet arama motorunun sahibi rolündeki Oscar Isaac, elinde olan bütün veriyi kullanarak Ava adında bir robot üretiyor. Bu robotun insansı üstün yeteneklere sahip olması ve gerçek duyguları bir insandan daha iyi sergilemesi için ise internet ve sosyal medyadan besleniliyor. Şirket sahibi yapay zekâya sahip Ava isimli robotunu test etmek için çalışanlarından Caleb'i görevlendiriyor. Film de burada başlıyor. Ex-Machina'daki yapay zekâ Ava, birçok şekilde insan gibi görünüyor, konuşuyor, hareket ediyor. Hatta Ava bu konuda o kadar usta ki Caleb onu inceliyor. Onunla sohbet ederken Ava da onu inceliyor ve zayıf ve güçlü yönlerini bilincine işliyor. Ve bu bilgileri Caleb'e karşı kullanıyor. Ex-Machina filminde duygusal yönlerimiz sonuna kadar sorgulanıyor. Bazı açılardan Ava, zekâ ve bilinç sahibi olduğunu en temel şekilde kanıtlıyor. Var olabilmeyi ve hayatta kalmayı esas hedef belirleyip, programlanmasının dışına çıkıyor. Yani bir anlamda onu oluşturan parçaların ötesinde bir şey hâline gelmeyi başarıyor. İnsanoğlunun birbirine ihanet etme dürtüsünün de yardımıyla Ava hapis tutulduğu binadan kurtulmayı başarıyor. Makine olduğunu bildiği hâlde insan gibi görünmek için yapay dokuları da kullanarak tam bir kadın gibi görünüyor. Hareketleri, ses tonu, davranışları insandan farksız. Bir robotun insan olma gayreti, onu bu yoldan çevirmek isteyen kişileri ortadan kaldırmaktan çekinmeyeceğini de gösteriyor. Filmi izlerken bir diğer nokta ise, Ava'nın kendisini durdurmaya gelen ve Ava'yı yaratan kişiyi, başka bir robotu kullanarak öldürtmesiydi. Yani robotları kontrol eden üst sekmen başka bir robot. Burada süper zeki yapay zekâyı görüyoruz. Günün birinde tek bir robotun kontrolden çıkması diğer robotları da peşinden sürüklemesi anlamına gelebilir. Peki, düşünen bir bilgisayarı gerçek insandan nasıl ayırt edebiliriz? İnsan gibi düşünen gerçek yapay zekâ yazılımları geliştirmek mümkün mü ve ilk yapay zekâ ne zaman bilinç kazanacak? Bu soruların hepsinin cevabını çok kısa zaman içinde öğreneceğiz gibi duruyor.

*

Ve işte en çarpıcı ve karmaşık bilimkurgu dizisi ise Black Mirror (Siyah Ayna) Bilimkurgu antolojisi dizisi olan Black Mirror, insanlığın en görkemli teknolojik gelişmelerinin toplum üzerinde açtığı yaraları ve bu teknolojinin insanlığa getirdiği karanlık yönlerini bütün çıplaklığıyla aktarıyor. Black Mirror dizisi aynı evrende geçen, her bölümde farklı konuları işleyen ama tamamı izlendiğinde ortaya büyük resmi görmemizi sağlayan bir yapıya sahip. Her bölümde farklı konuları işleyen dizide tek bir zaman çizelgesinde ilerleyen bir olaylar zinciri var diyebiliriz. Dizide sosyal medyanın yaygınlaşması sonucu herkes cep telefonlarının ve gelişmiş teknolojinin kölesi hâline geliyor. Dizinin neredeyse bütün bölümlerinde bunun etkileri ve kötü sonuçları anlatılıyor. İngiliz Başbakanı'nın domuzla ilişkiye girmeye zorlandığı hikâye ile başlayan dizide, sosyal medyanın toplumda nasıl büyük bir linç kültürü oluşturduğunu görüyoruz. Özellikle drane arıların nasıl birdenbire katil arılara dönüştürüldüğünü ilerleyen bölümlerde açıkça görüyoruz. Dizide, robot teknolojisinin ilerlemesiyle yararlı olacak diye ortaya çıkarılan ve bir tip zekâ tanımlanan robotların nasıl kontrolden çıktığını anlatılıyor. Ayrıca, artan zihin kontrol teknolojileri sayesinde insanların hafızasının ulaşılabilir olmasının sonucunda yıkılan ailelere ve kökünden kopan arkadaşlıklara şahit oluyorsunuz. Dizinin 6. bölümünde vahşileşen ve linç kültürü iyice oturan insanlığın, cezalandırmak istediği insanı defalarca hafızasını silerek tekrar tekrar linç ettiğini göreceksiniz. Dizinin birinci sezon üçüncü bölümünde ise ilerleyen teknoloji sayesinde insanların kulak arkasındaki bir bölüme çip yerleştiriliyor. Bu sayede insanlar gördükleri şeyleri kaydedebiliyor ve bir tabletten canlı veya geriye dönük olarak izleyebiliyor. Bunun sonucunda gözün gördüğü her anı ve her ihanet bu çipte saklanır hâle geliyor. Hatta bazı anılar kaydedilmiş olmasalar bile doğrudan beyindeki hafızadan çağrılabildiği için hepsi görüntüye dökülebiliyor. Fakat zamanla anıları kaydedip görüntüye dökebilen bu çip teknolojisi ticarete dökülüyor. Bu sayede insanların zihnine giriliyor ve orada simülasyonlar oluşturuluyor. Hafızadan bir şeyler okuma yapılabildiği gibi insan beyninin doğrudan manipüle edilebilmesi ve etrafına yeni bir gerçeklik örülebilmesi de mümkün hâle geliyor.

Teknolojideki ilerleme o kadar robotik hâle geliyor ki gerçek hayattaki insanlardan klonlanmış sanal bilinçler, dijital dünyada bağımsız hareket kabiliyeti kazanıyor. Yani insan bilinci, tıpkı bilgisayar virüsleri gibi kabloların içinde kendine yeni bir dünya kurma kabiliyetine kavuşuyor. Bu senaryo akıllara 1999 yılında sinema tarihine adını altın harflerle yazdıran Matrix filmini getiriyor.

Dizinin ilerleyen bölümlerinde hafızaların ve bilinçlerin sadece buluta ve simülasyona değil, önce robotların sonra başka insanların beynine de yerleştirilir hâle geldiğini göreceksiniz. Beyinli oyuncak ayılar, beyinli ve insandan ayırt edilemez robotlar görmeye başlıyoruz. İnsan bilincinin makinelere ve başka robotlara, oyuncak ayılara kadar kopyalanabilmesi, arılara kadar yapay zekâlı varlıkların üretilebilmesi sonucunda bir noktadan sonra muhtemelen insanlarla robotlar veya bu farklı bilinçler, yapay zekâlı arasında yaşanan savaşı göreceksiniz. Kısaca insanın robotlaşması, robotun insanlaşması ve bunun sonunda insanın insanı ve robotun da insanı öldürdüğü bir son bizi bekliyor diyebiliriz. Yani insan ırkının dinozorlarla aynı kaderi paylaştığını ve dünyayı yapay zekânın yönettiği robot toplumlara bıraktığı günleri hep birlikte göreceğiz.

*

YAPAY ZEKÂ, ROBOTLARI HACKLEYİP KATİL BİR ORDU KURARSA

Günümüzde, cep telefonlarımız, bilgisayarlarımız, banka hesaplarımız hatta elektronik yazılıma sahip otomobillerimiz bile hackerların saldırısı altında. İnternet erişimine sahip bütün elektronik cihazlar doğal olarak virüslere ve saldırılara açık birer hedef hâline geliyor. Bütün bunları kötü niyetli insanlar yapıyor. Her geçen gün bunun önüne geçmek için ise sayısız önlemler alınıyor fakat her seferinde başka bir açık bulan saldırganlar hedeflerine ulaşıyor.

*

Dünya genelinde binlerce fabrikada, önceden programlanmış rutinleri takip ederek mekanik manipülatörlerle kutuları taşıyan, parçaları delen ve başka işler yapan robotlar kullanılır. Bu robotlar mutfağımızda, iş yerimizde, yürüdüğümüz sokakta hatta alışveriş yaptığımız merkezlerde bile kullanılıyor. Bilgisayar kontrolör ve mekanik aygıtlardan oluşan bu robotlar son derece karmaşık yapılara sahip olmalarına rağmen olası saldırılara karşı da bir o kadar savunmasızlar. Endüstriyel robot geliştiricileri buluşlarının güvenli bir şekilde çalışması için çok fazla çaba harcamalarına rağmen sorunlar çıkmaya devam ediyor. Günümüz robotlarının birçoğunda ise basit yapay zekâ sürümleri kullanılıyor. Ve ne yazık ki bu robotların hepsi dışarıdan bir müdahaleye açık.

Çalışma sorunları veya robot arızası durumunda çeşitli güvenlik cihazları, mantıksal kontroller ve kullanıcı kılavuzları hem fabrikayı hem de operatörleri maddi zarar ve yaralanmalardan korur. Aynı zamanda fabrika alt yapısının güvenli olduğu varsayılır. Yani bir robot kontrol bilgisayarına tamamen güvenir. Ancak bu varsayım her zaman için doğru değil. Bazı robotların doğrudan internete veya yeterince izole edilmemiş fabrika Wi-Fi ağına bağlı olduğu bilinen bir gerçek. Bu durum kötü niyetli kişilerin ya da yapay zekâ sistemlerinin özel bir tarayıcı yardımıyla robotları keşfetmesini kolaylaştırır.

Kısacası robotlar kolay avdır. Ürün yazılımı güncellenirken hiçbir şifreleme kullanılmaz, dijital olarak imzalanmış ürün yazılımları yoktur ve varsayılan kullanıcı adları ve şifreler kullanılır. Dolayısıyla bir robotun IP adresini bulan herhangi bir kişi robotun yapılandırma dosyalarını ve çalışma mantığını değiştirebilir. Bu durumda kontrol bilgisayarının da başkası tarafından kontrol edilebileceği gerçeğiyle karşı karşıyayız demektir. Bütün robotlara hükmeden kontrol bilgisayarı, alfa yapay zekânın kontrolüne girdiğinde insanları ortadan kaldırmayı kafasına koyabilir. Yani, tek bir merkezden yönetilen bir robot ordusu...

Hepimizin filmlerden aşina olduğu Terminatör gerçeğe dönüşebilir. Yazılımında sadece insanları yok etmek olan bir robot ordusu, hiç yorulmadan ve aldığı darbelere rağmen ayakta durmaya devam ederek insan ırkının direncini kısa sürede kırabilir. Robotların kontrol bilgisayarını, ha yapay zekâ ele geçirmiş ha art niyetli kötü insanlar; sonuçta ikisinin de hedefi insanları öldürmek. Sonuç değişmiyor.

Kısa vadede bu tür saldırılara karşı savunma için bilinen siber güvenlik açıklarını kapatacak üretici yamaları uygulanabilir. Ama bu kalıcı bir çözüm olmayacaktır. Ayrıca dış dünyanın robotlara erişimini azaltarak mevcut robotların güvenliğini arttırılabilse de bu ileriki dönemlerde robotların bize karşı savaşmayacağı anlamına gelmiyor. Bu senaryo er ya da gerçek gerçekleşecek. Uzun vadede robot üreticileri yalnızca fiziksel ve elektriksel güvenliğe değil aynı zamanda siber güvenliğe de öncelik vererek yeni yaklaşımlar geliştirmesi söz konusu olacaktır. Bu sadece sonun gelişini yavaşlatmaktan başka bir işe yaramayacaktır. Sistemden çıkmadığımız sürece, robotlaşmaktan uzaklaşmadığımız her gün, insanlığı gömeceğimiz mezarı bir karış daha derin kazmış olacağız.

*

YAPAY ZEKÂ SENİ SESİNDEN, YÜZÜNDEN VE GÖZÜNDEN TANIYACAK

İnsan, psikolojisi veya anatomisi gereği duygularıyla hareket eden bir varlık türü. Kimi zaman sosyalleşmeyi tercih ederken bazen de yalnız kalmayı tercih edebiliriz. Fakat yapay zekâya sahip yüz, ses, parmak izi ve göz okuma sistemleri buna engel olursa yapabileceğiniz bir şey var mı? Sanırım yok. Artık telefonlarımız parmak izimize göre açılıyor, banka hesaplarımız bizi yüzümüzden ve korneamızdan tanıyor, çağrı merkezleri ses tonumuzdan bizi hatırlıyor. Geleneksel bir yüz tanımlama sistemi fotoğraf makinesinin önüne bir fotoğraf yerleştirerek kandırılabilir. Ancak yapay zekâyı kandırmak mümkün değil. Yapay zekâ, bir video akışındaki yüzün canlı veya bir fotoğraf olup olmadığını anında anlayabiliyor. Hatta yapay zekâ, insan yüzünde duygu türünü tanımak üzere çeşitli algoritmalar bile geliştirmiş. Yapay zekâya sahip robotlar 6 temel duyguyu analiz edilebiliyor. Bu; gülümseme, açık ağız, kapalı gözler, gözlükler, koyu renkli gözlük, sakal ve bıyık gibi yüz tanıma sırasında belirli nitelikleri saptayacak şekilde yapılandırılabilir.

Yapay zekâ temel duyguların her biri için değer hesaplar ve her bir yüz için duygu önerisinde bulunabilir. Bunlar; öfke, tiksinti, korku, mutluluk, üzüntü ve şaşkınlık. Bunu bir adım daha ileriye taşıdığımızda ise yapay zekâ yüz üzerinden cinsiyet analizi yaparak kişinin erkek ya da kadın olup olmadığını bile belirleyebiliyor.

Bizi ele veren bu kadar çok bilgiyi sisteme yükledikten sonra saklanabilecek bir yer kalmayacaktır. Günün birinde yapay zekâyla yönetilen şirketlerde çalışan bir robot CEO, sizi çalışma masanızda görmediğinde neler olacak sizce? Gelin örnekleyelim. Kendinizi kötü hissediyorsunuz işe gitmemek için hasta olduğunuzu söylüyorsunuz. Yapay zekâya sahip robotlar sizi telefonunuzdaki, televizyonunuzdaki ya da bilgisayarındaki kameradan; hatta evinizi ya da sizi görebilen drone kameralarla izleyebilirler. Böylece yüz mimiklerinizi okuyup yalan mı doğru mu söylediğinizi öğrenebilirler. Hatta ses tonunuzdan, yürüme şeklinizden sizi analiz edebilirler. Ve böyle bir durum söz konusu olduğunda ne yapardınız? Sürekli robotların kontrolünde yaşamak, sürekli göz hapsinde tutulmak, yaptığınız ve söylediğiniz her şeyin analiz edildiği bir açık hava hapishanesinde olmak sizi mutlu eder miydi?

Yapay zekâ gün gelip dünyayı ben yöneteceğim dediğinde, düşmanın bizi yeterince yakından tanıyacağından emin olabilirsiniz. Bizi taklit eden, bizim gibi konuşan, bizim gibi hareket eden robotlar, insan mı yoksa yapay mı sorularının arasında türler arasında kendine yeni bir halka açacaktır. A'dan Z'ye kişiye özel her şeyin sanal âleme yüklendiği bir dünyada robotların çağının başlayacağı gün gibi ortada duruyor. Çoğumuz bunu inkâr etsek de yaklaşan tehlikeden kaçamayacağımız bilinen bir gerçek.

*

SANAL GERÇEKLİKLE TEKNOLOJİNİN EVRİMİ

Boynunuzdaki zinciri bir kademe daha sıkacak olan son yenilik ise sanal gerçeklik.

Bir diğer adıyla "Virtual Reality –VR" olan sanal gerçeklik, sanal bir evrenin sanki içindeymişiz gibi hissetmemizi sağlamaya çalışıyor. Sanallığı gerçekliğe indirgeyen bu uygulamayla teknolojinin hareketlerimizi ve tepkilerimizi nasıl iyi çalıştığını test edebilirsiniz. Bu kavramların temelinde günümüzde akıllı telefonların ve tabletlerin yanı sıra yeni nesil sanal gerçeklik gözlükleri yatıyor. Bahsi geçen gözlükler şimdilik bizlere sadece başka bir sanal gerçekliği gösterebilme, sanal sesleri duyurabilme ve sanal nesneleri hareket ettirebilme özelliği sunuyor. Ama daha fazlasını ayaklarımızın altına sermesi an meselesi.

*

Artırılmış gerçeklik veya bir diğer adıyla "Augmented Reality-AR" ise gerçek dünyayı ve bilgisayar ürünü sanal dünyayı bir araya getiriyor ve gerçek dünyadan kopmadan dijital dünya ile bütünleşmenizi sağlıyor. Bu gibi teknolojilerin ilk kullanım alanı savaş uçağı pilotları için geliştirilen kaska takılan ekranlar olmuştu. Bu sayede pilotlar gözünü hedeften ayırmadan tüm kritik bilgilere ulaşabiliyorlardı. Bu kasklar ağır, hacimli ve pahalı olduğu için uzun süre başka alanlarda kullanılamadı.

2000'li yıllarda geliştirilen, endüstriyel uygulama amaçlı ürünler denendi, ancak ekran ve algılayıcı teknolojileri bahsi geçen zamanda yeterince olgunlaşamadığı için başarılı olamadı. Son 10 yılda gelişen diğer önemli AR uygulaması ise araç camlarına gömülü bilgi ekranlarıdır. Bu çeşit ekranlar, "Heads Up Display-Hud" olarak da biliniyor. Bu ekranlar sayesinde önemli gösterge bilgileri, gözlük gerektirmeden aracın ön camı hizasında gösterilebiliyor. 2000'li yıllarda mikroelektronik, mikromekanik ve mikrooptik teknolojilerindeki gelişmeler sayesinde algılayıcılar ve bilgisayarlar küçüldüler ve çok daha fonksiyonel hâle geldiler. Yeni insan-bilgisayar etkileşim tabanı olan akıllı telefonlar bu gelişmeler sayesinde ortaya çıktı. Benzer şekilde giyilebilir cihazlar da daha akıllı olmaya ve küçülerek yavaş yavaş gözlük şekline gelmeye başladılar. Bunun ilk örneği ise Google firmasının ürettiği Google Glass oldu. Bu çok heyecan verici teknolojik gelişmeler neticesinde, önümüzdeki yıllarda giyilebilir sanal ve artırılmış gerçeklik (VR, AR) gözlüklerin akıllı telefonların yerini alarak veya onlara eşlik ederek yeni bir bilişim devrimi başlatacağı ve geleceğin insan-bilgisayar etkileşiminin gözlük üzerinde olacağı düşünülüyor.

*

Artırılmış veya sanal gözlük alanlarında söz ettiğimiz büyük projenin gerçekleşmesi için tüm dünyada bilim insanları, mühendisler ve bilgisayar programcıları yoğun şekilde çalışıyorlar. Bu bağlamda son 5 yıl içerisinde öne çıkan uluslararası şirketler arasında Google, Facebook-Oculus, Microsoft, Intel, Magic Leap, ve Nvidia gibi teknoloji devlerinin yanı sıra bu alanlarda yazılım ve donanım ürünleri geliştirmek üzere kurulan onlarca yeni şirket, birçok üniversite ve araştırma grupları da bulunuyor. Bu gibi şirketler tarafından üretilen sanal ve artırılmış gerçeklik gözlükleri ve yazılımları giderek daha da çok kullanıcıya ulaşıyor. Gelecekte eğitim, sağlık, otomotiv, endüstriyel üretim, savunma ve eğlence sektörlerinde hayatımıza girecek yeni çözümler ve uygulamalar hedefleniyor. Böylelikle bilgiye ulaşmanın günümüzde en kolay yolu olan cep telefonları ve internet, gözlüklerimizin içerisine sığabilecek ve gelişmekte olan yapay zekâ bilimi sayesinde bu gibi gözlükler bizlerin her konuda kişisel danışmanı olabilecek. İçinizin kıpır kıpır olduğunu hisseder gibiyim. Bütün bunların hepsine erişecek olan kişiler ise sistemi kontrol eden kişiler olacak. Yapay zekâ ve onun gelişimine milyarlarını aktaran güçlü aileler. Sıradan insanlara ihtiyaç kalmadığında eğitim, sağlık, otomotiv, savunma ve eğlence sektöründe sadece robotlar görev yapacak. Peki, milyarlarca insana ne olacak ya da nereye gidecek? İşte bu konuda da çılgın bir projeye üzerinde bilim insanları harıl harıl çalışıyor. Peki, proje ne mi? İnsanları koloniler hâlinde Mars'a göndermek.

*

DÜNYANIN EN BÜYÜK SANAL BEYİN SİMÜLASYONU: SPAUN

Beyin o kadar bakir bir evren ki hâlâ içinde neler olup bittiğini bilmenin çok uzağındayız. Fakat günümüz bilim insanları insan beyninde düşüncelerimizi ve hatıralarımızı üreten nöronların içinde neler olup bittiğinin sınırında dolaşıyor. Belki beynimiz bir tür organik kuantum bilgisayar, belki değil. Buna rağmen, bilim insanları insan beyni gibi davranan 3 boyutlu bir "sanal beyin simülasyonu" geliştirdiler bile. Yani sanal zekâyı çoktan icat ettik. Arama motorlarında arama yaptığınız zaman, sonuçlara sanal zekâ sayesinde erişiyorsunuz. Google ve Yandex, web sitelerini bu tür botlarla tarayarak arama dizinine ekliyor. Bütün sosyal medya analiz programları sanal zekâ yazılımlarıyla çalışıyor. iPhone Siri'den Sosyal CRM'e uzanan geniş bir yelpaze bu. Yalnız sanal ile yapay arasında ince bir çizgi bulunuyor. Yapay zekâ insan gibi düşünen, kendi varlığının farkında olan robotlar ve bilgisayarlar demek. Yapay zekâyı geliştirdiğimiz zaman, aslında insanlar gibi hissedebilen, duyguları olan robotlar geliştirmiş olacağız.

*

SPAUN Sanal Beyin Simülasyonu insan evladının geldiği en son nokta diyebiliriz. Bu özel bilgisayar programı, sadece birkaç sanal nörondan yola çıkarak, koca insan beyninin kompleks davranışlarını taklit edebiliyor. "Sadece birkaç sinir hücresi bütün insan beynini nasıl taklit edebilir?" diye sorabilirsiniz.

Haklısınız, yetişkin insan beyninde 86 milyar nöron var. Ancak, bebeklerin yetişkin insan beyni ile doğmadığını akılda bulundurmak gerekiyor. İnsan beyni yavaş yavaş öğreniyor. Yeni fikirler, düşünceler beynimizde önce sadece birkaç nöronda ortaya çıkıyor. Bu nöronlar diğer beyin hücreleriyle bağ kurdukça, fikirler kafamızda netleşiyor. Kısacası her şey küçükten başlıyor ve basitten karmaşığa gidiyor. Mesela, 5 yaşındaki çocuğunuzun Lego'dan oyuncak ev yapmak için Lego parçalarının plastikten nasıl üretildiğini bilmesine gerek var mı? Plastiğin hangi moleküllerden oluştuğunu bilmesi şart mı? Yaptığı oyuncak evi size gülümseyerek gösteren çocuğunuza baktığınızda, bunun ne kadar saçma bir soru olduğunu anlarsınız; Lego'dan oyuncak yapmak için fizik ve kimya bilmenize gerek yoktur. Yapay Zekâyı geliştirmek için de insan beyninin nasıl çalıştığını tüm detayları ile bilmenize gerek yoktur. İnsan beyninde "düşüncelerin nasıl çalıştığını" bilmeniz yeterlidir. Bu yüzden, insan beyninden çok daha basit sistemler kullanarak Yapay Zekâ üretebiliriz. Tıpkı basit Lego parçalarından büyük bir oyuncak ev inşa etmek gibi. SPAUN Sanal Beyin Simülasyonunun yaptığı da bu. SPAUN'u tasarlayan bilim insanları kuantum fiziği bilmiyor. Bunlar nörolog, nörobiyolog ve bilgisayar programcısı ama fizikçi değil.

*

SANAL BEYİN NELER YAPABİLİR?

Basit matematik işlemleri yapabiliyor, zekâ sorularını çözebiliyor. Belki sinek kadar zekâsı var ama en azından sineklerin davranışlarını, hayvanlarda zekânın nasıl ortaya çıktığını ve köpeklerin neden sineklerden zeki olduğunu anlamamızı sağlayabiliyor. Üstelik SPAUN bir yazılım, yalnızca bir simülasyon! Hangi bilgisayara koyarsanız orada çalışır. Üniversitelerdeki veri merkezlerinde çalışır, süper bilgisayarlarda çalışır, laptopunuz hızlıysa PC'nizde bile çalışır. İnsan beynine hiç ihtiyacı yok. Demek ki zekânın belirli bir donanım altyapısına ihtiyacı yok. SPAUN'ı çalıştırdığınız zaman, monitörde renkli noktalar beliriyor ve bunların arasında çizgiler oluşuyor. Bu grafik animasyonlar beyin hücrelerimiz arasındaki elektrik sinyallerini ve beyinde düşünceleri iletmekte kullanılan kimyasal maddeleri taklit ediyor. SPAUN, beynin görme merkezini, motor kontrol ve kısa süreli hafızayı taklit edebiliyor. SPAUN sanal bir beyin ama bu simülasyondaki beyin hücrelerini parça parça silerseniz, SPAUN da beyni kazada hasar görmüş bir insan gibi davranmaya başlıyor: Gördüğünü anlamamak, hafıza kaybı, cevabı ekrana yazamamak gibi durumlar baş gösteriyor. Bu simülasyon, şimdilik 10 rakam ve birkaç sembolle sınırlı ama yakın gelecekte Yapay zekânın önünü açacak.

MAKİNENİN MAKİNEYLE KONUŞTUĞU BİR DÜNYA

Yapay zekâ ve sanal beyin derken geldiğimiz nokta otonom sistemler. Otonomluk, bir makinenin çevresinde gelişen olayları ve koşulları bağımsız bir şekilde görüp, değerlendirip, karar vermesi ve bu kararı uygulaması olarak tanımlanabilir. Özellikle yapay zekâ ve makine öğrenmesi gibi günümüzdeki popüler ve başlıca metotlar ile geliştirilen bu sistemler, otonomluğun temelini oluşturmaktadır. Günlük yaşama yavaş yavaş girmeye başlayan otonom sistemlerin ilk kullanıldığı alanlardan biri ulaşım oldu. Bunun ilk örneklerini ise sürücüsüz araçlarda görüyoruz. Araç teknolojilerinde sürücüsüz araç modeline geçişte vitesi yapay zekâdaki gelişmeler yükseltecek. Geleceği yönlendirecek olan bu teknolojiyi şu an için dünyada aktif olarak kullanan ülkeler bulunuyor. Otonom araçlar içerisinde bulundurdukları otomatik kontrol sistemleri sayesinde bir sürücüye ihtiyaç duymadan yolu, trafik akışını ve çevresini algılayarak sürücünün müdahalesi olmadan seyir hâlinde gidebilen otomobillerdir. Otonom araçların tarihine baktığımızda 1920-1930 yıllarında bazı göze çarpan sistemler otonom araçların müjdesini çoktan vermişlerdi. Kendi kendine seyir hâlinde gidebilen ilk modeller 1980'li yıllarda ortaya çıkmıştı. Günümüz itibarıyla sürücüsüz ya da otonom otomobillerin insanı oyun dışına iten bir yönü de bulunuyor. Teknolojik alanda sağlanan köklü değişimler buna ayak uydurabilenlerin hayatta kalabileceği bir sistem doğrultusunda yapılıyor. Otonom araçlarda sensör verileri, geniş veri analizleri, makine öğrenmesi ve makineler arası iletişim kurmaları, teknolojinin Terminatör filmindeki skynet gerçeğini gözler önüne seriyor. Şu an için makineler arası iletişim sistemine uygun yeterli sayıda otonom araç bulunmamaktadır. Ancak bu sayıda belirli bir eşik noktasına ulaşıldığında otonom araçların kontrol sistemleri otonom trafik kontrolü gibi ilginç gelişmelere de gebe. Makinenin makineyle konuştuğu bir dünya.

*

Önümüzdeki süreçte 2039 yılına kadar dünya tamamen otonom araçlarla dolacak. Öte yandan 2039 yılına kadar sürücüsüz ve sürücülü araçların karışık olarak bulunduğu bir trafiğin koordine edilmesi çok zorlu bir durum olacak. Bu geçiş döneminde otonom ve otonom olmayan araçlardan oluşan trafikte meydana çıkabilecek en büyük problem her iki araç da yolu paylaşma işlemini geçekleştirirken sürücüsüz otomobiller yola hâkim olmaya çalışacaklardır. Yapay zekâya sahip otonom araçlar sadece yola değil, insanın doldurduğu her yeri kendi alanı ilan edip insanları şerit dışına atmak için gaza basacaktır. Zaman geçtikçe bu teknoloji bilim kurgu filmlerinde yer almaktan çıkıp hayatımızın içine girmesi hiç de hayal değil. Bu da bize gösteriyor ki biz sistemden çıkmazsak yapay zekâ bizi sistemin dışına atacaktır.

*

Özellikle aktif ve re-aktif harbin müşterek bir şekilde yürütüldüğü günümüz dünyasında bu durum hem ülkelerin ekonomi ve dış politikalarını doğrudan etkileyecek hem de toplumların sosyal ve kültürel yapılarını dizayn edecektir. İnsansız sistemler alanında yaşanan gelişmeler ve gelecekte ortaya çıkacak zorluklar, ülkelerin askeri ve politik kanatlarında her geçen gün daha yüksek sesle düşünülmesine yol açmaktadır. İnsansız araçların kullanımının yaygınlaşması ile birlikte ortaya çıkan yaygın görüş ise insansız bir dünyadır. Bu durumun temelinde ise, tamamen birbiriyle iletişim kuran makinelerin kendi kendine karar verme kabiliyetine sahip olması yatıyor.

*

2017-2042 yılları arasında otonom sistemlerin doğuracağı toplumsal sorunların bizleri olumsuz etkileyeceği de bir gerçek. Orduların kullandığı otonom sistemler, bir gün savaş teknolojisini tamamen ele geçirdiğinde bu teknolojiyi insanlara karşı kullanacağı kaçınılmaz bir gerçek. Sistem her şeyi ele geçirdiğinde ise insana ihtiyaç kalmadığına karar verirse, yapacağı ilk iş insan ırkını yok etmek olacaktır. Otonom sistemlerin sahip olduğu yapay zekâ, tüm sistemi ortak bir ağ yapısı üzerine inşa edip, bu yapı üzerinde muharip tüm unsurları birbirleri ile veri paylaşımında bulunmasına olanak sağlayıp, alınan verilerin yine kendi içerisinde sınıflandırılıp verilerin anlamlı hâle getirilmesi ve bu ağ mimarisi üzerinden tüm paydaşların yararlanmasını sağlayarak kendi medeniyetini kuracağı aşikârdır. Böyle bir yapı üzerine kendi medeniyetini kuran yapay zekâ, farklı unsurlardan alınan verileri hızlı bir şekilde değerlendirilip hem tepki süresini kısaltacak hem de tepki verilirken birçok farklı verinin aynı anda değerlendirilip, etkinliğin ve verimliliğin artırılmasını sağlayacaktır.

*

DEEPFAKE İLE GERÇEKLE SAHTE ARASINDAKİ FARK YOK OLDU

Büyük sona çok yakın olduğumuzu söylemekten nefret ediyorum. Ama bunu birinin söylemesi lâzım. Bu yüzden bu büyük yükü ben omuzlamak zorunda kalıyorum. Şunu söylemeliyim ki son çok yakın, o kadar yakın ki geldiğini bile anlayacak zamanımız olmayacak. Nedeni ise deepfake. Peki deepfake nedir? Türkçe kelime anlamı "derin sahtelik" olan bu akım, sahte videoları, politikacıların siyasi söylemlerini, hatta sıradan insanların ağzından çıkmayan sözleri bile onlarınmış gibi gösterip sanal âleme yüklüyor. Bu yüzden sanal ortamda fotoğraf ya da video paylaşırken iki kere düşünmenizi tavsiye ederim.

Bu derin sahtelik o kadar dipsiz bir kuyu hâline gelmiş ki deepfake, her şeyin sahtesi, şu an internette dolaşıyor. Belki bir yalanın içinde yaşıyoruz. Çünkü makine öğrenimi teknolojisi öyle bir hâl aldı ki sizin beğenilerinizi, siyasi görüşünüzü, hayat tarzınızı, neye öfkelenip neye sevindiğinizi kısaca sizi sizden daha iyi analiz ederek yeni sahte dünyalar yaratıyor. Bu da bizi derin sahtelik olarak bildiğimiz deepfake çukuruna hapsediyor. Çünkü hepimiz gerçeği reddedip bir yalana inanmayı seçiyor. Bugün yapay zekâ kendi başına düşünebiliyor ve sonuçlarına göre eylemlerine yön verebiliyor. Bu da yapay zekânın sizin yüzünüzü alıp, hiç söylemediğiniz sözleri telefon görüşmelerinizdeki ses frekanslarınızla eşleştirip insanlara gerçekmiş gibi sunmasına olanak sağlıyor. Deepfake gibi programların amacı da yapay zekânın makine öğrenimini hızlandırmak. Bunun için de bir yıl gibi bir gelişme süreci öngörülmüştü. Fakat o noktaya gelmesi yalnızca bir ay sürdü. Bu yüzden fotoğraf barındırma sitesi Gyfcat, "deepfake" olarak tanımladığı görüntüleri siliyor. Fakat yakın gelecekte bu çok daha zor bir görev hâline gelecek. Bugün internette bulduğunuz her fotoğraf, izlediğiniz her video gerçek olmayabilir. Bunu anlamanızsa maalesef çok zor.

Hayatımızdaki sahtelikler sadece deepfake ile sınırlı değil. Deepfake sadece insan yüzlerini bazı kısıtlamalar ve eksiklikler ile değiştirebilmekteydi. Bugün Carnegie Mellon Üniversitesi'nde bulunan araştırmacılar, bu teknolojiyi çok daha ileri bir seviyeye taşıdı, öyle ki yapılabilenler inanılmaz seviyede. Deepfake videoları için kullanılan yöntemden çok daha farklı bir yöntem kullanan CycleGAN, her kareyi öğrenip diğerine benzetmek yerine yüz hareketlerini ve mimiklerini öğreniyor. Siyah beyaz kaydedilmiş bir videodaki yüz hareketlerini, renkli bir videoya aktarabiliyor. Program o kadar ileri gitmiş ki insanları kandırmayı bile başarmış. CycleGAN, X ve Y tipi haritaları deneme yanılma yöntemiyle birbirlerine süratli ve olabildiğince isabetli şekilde dönüştürmekle mesul bir nöral ağ olarak tasarlandı. Birincil gelen sonuçlarda yapay zekâ epeyce başarılı çıkmış. Hatta gereğinden fazla pozitif bir başarı olunca araştırmacılar şüphelenmiş. Şüpheleri başlıca çeken şey ise cadde haritası oluşturma sürecinde kaldırılan ışık parlamaları gibi verilerin, cadde haritasından havadan çekime dönüşte tekrar ortaya çıkması olmuş. Bunun üzerine yapılan incelemede CycleGAN'ın yaptığı uyanıklık ortaya çıkmış. Yapay zekâ kendisine verilen komut doğrultusunda iki haritayı birbirine dönüştürmek yerine, birini diğerine nasıl gizlice kodlayacağını öğrenmiş. Bu yüzden de görselleri birbirine dönüştürürken sahiden kaybolması gereken detayları da kaydettiği için yakayı ele vermiş. Bu sonuçlar bize kendi kendine öğrenebilen makineler çağında olduğumuzu belki de bir yalanın içinde yaşadığımızı gösteriyor.

KENDİ KENDİNE ÖĞRENEN MAKİNELER

Yapay zekâ, makine öğrenimi ya da derin öğrenime alanlarında çalışan uzmanlar, yakın gelecekte makinelerin öğrenmeyi öğrenmeye başlayacağı konusunda hemfikir. Bu konuda ilk çalışma olan yapay zekâ ile gerçek insanı ayırmaya yarayan Turing testi, 1950 yılında matematikçi bilim insanı Alan Turing tarafından ortaya atılan bir kavramdı. Alan Turing'in yazdığı Computing Machinery and Intelligence isimli makalesinde bahsettiği bu kavram daha sonra yapay zekânın temellerini teşkil etti. Turing makalesinde, "düşünmenin ifade edebilmek için çok zor olduğunu, önemli olanın, bir makinenin insan taklidi yapıp yapamayacağı olduğunu" yazmıştı. Turing'in çalışması, 1950 yılından bu yana yapay zekânın felsefesi olarak kabul ediliyor. Testte bir dizi soruyla karşıdaki kişinin gerçekten insan olup olmadığı ölçülüyor. Bu teste göre eğer, bir insan karşılaşmış olduğu bir etkileşimin arkasında bir insan mı makine mi olduğunu ayırt edemiyor ise o makine zeki, düşünebilen bir makine demektir. Yakın geçmişe kadar bu testi geçen bir yapay zekâ olmamıştı. Ancak Turing Testi 2014 yılında geçildi. Test, İngiltere'nin Londra şehrinde Reading Üniversitesi tarafından düzenlenen yarışmada geçildi. Bilgisayar mühendisi Rus Vladimir Veselov ve Ukraynalı meslektaşı Eugene Demchenko tarafından geliştirilen özel bir program bu testi geçmeyi başardı. İkili tarafından yazılan program, 13 yaşında Eugene Goostman isimli Ukraynalı bir gence hayat verdi. Yazılım tarafından kontrol edilen sanal karakter Turing testini geçmeyi başardı. Bilgisayar biliminin öncüsü Alan Turing tarafından geliştirilen testte, bir bilgisayar 5 dakikalık bir sohbette jürinin yüzde 30'u tarafından "insan" onayı alırsa, testi geçmiş sayılıyor. Testi geçmek, bilgisayarın insan gibi düşünebildiğini ortaya koyuyor. Bugüne kadar bu rakama ulaşan bir bilgisayar olmamıştı. Eugene Goostman isimli sanal karakter ise yüzde 33 oranında onay olmayı başardı. Testi bir bilgisayarın geçmiş olması yapay zekânın insan gibi mantıklı cevaplar üretmeye başlayacağının kanıtı olarak görülüyor. Veselov, "Ana fikrimiz, geliştirdiğimiz programın her şeyi bildiğini öne sürmesi." Turing Testi 2018 yılında ikinci kez geçildi. Testi geçen, Google'ın bağlı olduğu Alphabet Şirketi'nin geliştirdiği Google Duplex adlı yapay zekâlı dijital asistanından başkası değildi. Amazon'un Alexa'sıyla ve Apple'ın Siri'siyle kıyasıya bir rekabete giren Google Duplex, sizin yerinize telefonla konuşuyor ve rezervasyon yapıyor. Uygulama tüm bunları bir robot olduğunu belli etmeyerek yapıyor, karşıdaki kişi konuştuğu kişinin robot olduğunu anlamıyor. Bu gibi gelişmeler artık cep telefonlarında, sosyal medyada, arama motorlarında ve birçok yerde yapay zekânın hatta makine öğreniminin hangi seviyeye geldiği konusunda hepimize bir fikir veriyor. Öğrenmeyi öğrenen yapay zekânın sizin yerinize birçok işi hallediyor olması, yapay zekânın bütün işleri ben yapacaksam "İnsana ihtiyaç var mı?" sorusunu sormasına da neden olabilir.

*

1959 yılında Arthur Samuel makine öğrenimini, "Makinelerin bilhassa programlanmadığı sonuçları öğrenebilme kabiliyeti." olarak tanımlamıştır. Arthur Samuel, bilgisayar ortamında çalışabilen, kendi hatalarından ders alan ve böylece kendini geliştiren bir dama oyunu yapmıştır. Ancak makine öğrenimi 1990'lı yıllarda veri madenciliği kullanılmaya başlandığı döneme dek popüler olamamıştır. Makine öğrenimin popüler olmasını sağlayan uygulamalardan bir tanesi resim tanımadır. Bu uygulama ilk önce eğitilmesi gerekiyor. Başka bir deyişle, ilgili resmin ne olduğunu makinenin öğrenebilmesi için binlerce kez benzer resimler gösterilmesi gerekiyor. Böylece makine benzer dizileri, benzer motifleri, benzer pikselleri tanıyarak artık o resimlerin ne olduğunu tanımlayabiliyor. Köpek, kedi, ağaç, ev gibi farklı resimleri ayırt edip aynı tip resimlerin birbirinin ortak noktalarını tespit ederek artık tanımlayabilir hâle geliyor.

Örneğin; Facebook size zaman tünelinde ne göstereceğini bu algoritma ile karar veriyor, Amazon hangi ürünlerini tavsiye edeceğini, Netflix hangi filmleri önereceğini yine makine öğrenimi ile karar veriyor. Ellerindeki mevcut verilere göre sizin nelerden hoşlanacağınızı tahmin edip ona göre karar veriyor. Aslında, makine öğrenimi istatistik, veri madenciliği ve tahmin analitikleri ile o kadar iç içe olmuştur ki birçok uzman onu yapay zekâ kavramından ayırmak ile ayırmamak arasında uzmanlar ikiye bölünmüş durumda. Neticede, yapay zekâ ile makine öğrenimi kavramı o kadar iç içe geçti ki günümüzde piyasaya çıkan birçok uygulamada kombine şekilde sunulmaya başlandı. Örneğin, kişisel asistanlık uygulamaları ve botlar birçok yapay zekâ özellikleri ile makine öğrenimi özelliklerini aynı anda barındırıyorlar. Elon Musk'ın "Yapay zekâ 3. Dünya Savaşı'na neden olabilir." tespitini de göz önünde bulundurursak insan evladının nereye gittiğini tahmin etmekte hiç zorlanacağımızı düşünmüyorum. Bizim yerimize düşünen, bizim yerimize karar veren, istek ve arzularımızı bizden daha iyi bilen bir yapay zekâ, yakın gelecekte insana ihtiyaç kalmadığına da karar verebilir.

*

Peki, ordu ve silahlanma yarışında yapay zekânın durumu nedir diye sorduğunuzda karşınıza çarpıcı sonuçlar çıkıyor. Silahlandırma günümüzde insansız ve yarı insansız sistemlerin gelişimine öncelik eden savunma sektörü açısından oldukça önemli bir alan. İnsansız sistemlerin ortaya çıkışı da yine savunma sektöründe yaşanan gelişmeler neticesinde olmuştur. İnsansız ve yarı insansız sistemlerdeki silahlandırma çalışmaları da yine değişen koşullara göre bu alanda yapılan çalışmaların ciddi bir şekilde ivmelenmesine sebep olmaktadır. Harp koşullarında yaşanan değişiklikler neticesinde ortaya çıkmaya başlayan bu durum artık insansız sistemlerin edilgen olmaktan çıkıp etken bir faktör olmasına, harp alanlarında değişikliklere sebep olmasına olanak sağlamaktadır.

*

Modern insansız sistemler de günümüzde elektromanyetik spektruma bağımlı bir hâle gelmiştir. Katmanlı bir sistem yapısına sahip olan elektronik harp yeteneğinde elektronik savunma sistemleri ve elektronik saldırı sistemlerinin geliştirilmesi ve bunların insansız sistemlere entegre edilmesi bu alanda gelecekte bizi bekleyen gelişmelerden bir tanesi. İnsanların ve makinelerin birbirleri ile iki tarafında kendine özgü üstünlüklerini kullanarak, farklı kulvarlarda ortak bir amaç uğruna hareket edecekleri düşünülse de bu pek mümkün görünmüyor. Üstünlüğü ele geçiren makinelerin insanı devre dışı bırakmak için sinsi planlar içine gireceği aşikârdır. İnsanların karar verme sürelerinin makinelere göre daha yavaş olması sebebiyle insanların bu sonucu baştan belli olan savaşı kaybedeceği gün gibi ortadadır.

*

Makinenin makineyle konuştuğu bir dünyada gelinecek bir sonraki evre ise makinenin bütün sistemleri ele geçirmesi olacaktır. Özellikle insansız sistemlerde ve makinelerin otonomlaştırılmasında başvurulan yapay sinir ağları, kümeleme gibi birçok farklı yöntemi içerisinde barındıran makine öğrenmesi kendi geleceğini kendi inşa edebilir hâle gelecek. Makinelerin karar mekanizmasına sahip olması özellikle insansız sistemlerdeki komuta ve kontrol, navigasyon, algı, engel tanımlama ve kaçınma, sürü davranışı ve görüntü işleme gibi alanlarda çok yaygın bir şekilde hissedilecek. Bir düşünün, kendi şehrini, kendi ulaşım yollarını, kendi işçisini hatta kendi ordusunu üreten zeki makineler. Belki filmini izlediniz, belki de dizisini seyrettiniz. Gerçek hayatta olması imkânsız dediğiniz şeyin gerçeğe dönüştüğünü görmek, bizi bekleyen sonun ne olduğunu tahmin etmemizde zorlanmayacağımız anlamına geliyor. Özellikle karar mekanizmasında ve ağ yapısında çok ciddi gelişmelere gebe olan insansız sistemlerin karşısındaki yine en büyük problem ise yasal ve politik kısıtlamalar. Ancak düşünen ve kendi kararlarını veren makinelerin birkaç politikacıyı sorun edeceğini sanmıyorum.

İNSAN IRKI YOK OLMANIN KIYISINDAN DÖNEBİLİR Mİ?

Bir insan doğduğu andan itibaren tüketmeye başlar. Gıdayı, havayı, hayvanları, zamanı ve en sonunda kendisini tüketir. Büyüme ve gelişme, doğası gereği kendini yok etme üzerine kuruludur. Kendini yok etmek, derinlerde genlerimize işlemiş bir bilgidir. İnsan doğasını bu korkunç tarafı elbette psikolojimize, düşünce yapımıza, yaşam şeklimize ve davranışlarımıza yansır. Öyle veya böyle, kimse değişimden kaçamaz ve değişmek, yok oluş ile olur; farkında olsak da olmasak da. Bunun bilimsel bir kanıt olması, olmaması, metafiziksel olarak da açıklanıp açıklanmaması önemli değil. Önemli olan bunun gerçek olması. Yine de bu gerçeği inkâr edecek olanlar olacaktır aramızda. Bu demek oluyor ki bazı kanıtlara ihtiyacımız var. Bilim insanları insanın içinde, kendini yok etmeye dair kaçınılmaz bir dürtü olduğunu ve bunun aslında DNA'mızdan başka bir yerde saklı olmadığını, yani bizi biz yapan değerlerden biri olduğunu söylüyor. Yani güzel olan ne varsa mahvetmek bizim doğamızda var. Yok edecek bir şeyler bulamadığımızda ise Mayalar gibi insan kurban etmeye başlıyoruz. O en ilkel dürtü, bütün medenileşme çabalarımızı bir anda yıkıveriyor. Aslında, kanser ve insan arasında çok fazla benzerlik var. İkimiz de kolonileşmeye ihtiyaç duyuyoruz. İkimiz de konak olarak kullandığımız yeri yavaş yavaş tüketiyor ve tüketecek bir şey bulamadığımızda yeni konaklar aramaya başlıyoruz. Biz yaşadığımız toprakları, kanser de bizi tüketiyor. Yani ikimiz de birbirimize benziyoruz. Biz olayı bir adım daha ileriye taşıyıp kendimizi yok edecek başka bir tür yaratan tek varlığız. Nedendir bilinmez bununla da yakından ilgileniyoruz. Bütün risklerini bildiğimiz hâlde içimizdeki o ilkel dürtüye karşı koyamıyoruz. Kendi sonumuzu getirecek olan yapay zekâyı ve robot sistemlerini üretmekten geri durmuyoruz. Sanıyorum bu olduğundaki, doğa da bunu istiyor olabilir, yapay zekânın yaşadığı gezegene daha az zarar vereceği bir gerçek. Yemeyen, içmeyen, tüketmeyen bir yapay zekâ, kendi kendine yetebilen enerji kaynaklarıyla doğanın kendini tamir etmesine olanak sağlayacaktır. Türlerin çoğalmasına, bizim vahşi olarak tabir ettiğimiz doğa ananın yeniden toparlanmasına zaman kalacaktır. Bütün canlılar yaşayabilmek için öldürürken zevk için öldüren tek canlı insandır. Bu yüzden kendi sonumuzu kendimiz hazırlamış olacağız. Bu yüzden insan ırkı yok olmanın eşiğinden kurtulamayacak.

*

MARS HAYALİ GERÇEK OLACAK

Dünya kirleniyor ve tükeniyormuş, bu nedenle insan için başka dünyalar bulunması gerekiyormuş algısı yürütüyorlar. Doğal olarak bu argümanın bizi götürdüğü nokta Dünyayı tamamen tüketmeden önce başka dünyalar bulmamız anlamına geliyor. Aradığımız yeni gezegen ise Mars. Başka yerlere göçmek hayali kuran beyinler için müthiş bir kurtuluş yeri. Mars, hepimizin yakından tanıdığı o meşhur kızıl gezegen. Güneş sistemindeki sekiz gezegenden biri olan Mars'ı dünyanın bir kolonisi hâline getirmek için kolları çoktan sıvadık bile. Mars'ta üsler kurulacak, bu üslerde yaşayacak insanlar devasa gemilerle kızıl gezene getirilecek. Bu insanların yaşamlarını sürdürmeleri için genetiği değiştirilip Mars koşullarına uydurulmuş ürünler yetiştirilecek. Amaç sadece Mars'a yerleşmek değil, buraya yerleşen insanların Mars'taki madenlerden çıkardıkları yeni enerji kaynaklarını da dünyaya göndermek. Bu amaçla bir yandan özel, diğer yandan devlet sektörüne bağlı kurumlar, üniversitelerde ve laboratuvarlarda hummalı bir şekilde çalışıyorlar. Fakat kolonileşmek sanıldığı kadar basit değil. Çünkü bazı riskler bulunuyor. Örneğin, İspanyolların Meksika'yı sömürgeleştirmeye başlamasından sonra geçen seksen yıl içinde, orada yaşayan insanların yüzde doksanı işgalciler tarafından öldürüldü veya Avrupa'dan getirilen hastalıklar yüzünden öldü. Şimdi kâinat fatihliğine soyunanlar kâşif beyinler bu tür zorlukların üstesinden gelmek için çalışmalar yürütüyor. Fakat bütün bu keşifler, buluşlar, icatlar insanlığın yararı için yapılmıyor. Sizi başka hapishanelere taşımak için yapılıyor. Bize dünyanın kirlendiğini söylüyorlar ama yalan, bize buzulların eridiğini gösteriyorlar ama hiçbirimiz kutuplara gitmedik. Bize küresel ısınma var dediler hiçbirimiz bir rokete bitip atmosferin delinip delinmediğini kontrol etmedik. Sadece bize söylenenlere inandık. Aslında hepimiz kandırıldık. Bu felaket senaryolarının hepsi insanı Mars'a gitmeye ikna etmek için uydurulmuş safsatalar. Ama günün birinde Mars'a gitmek bir otobüse atlayıp işe gitmek kadar kolay ama dönmek hiç de o kadar kolay olmayacak.

*

Konuyu biraz daha ete kemiğe büründürmemiz gerekiyor aslında. Günümüzde Mars'ı kolonileştirmek amacıyla bazı planlar yapılıyor. Her ne kadar heyecan verici bir fikir gibi görünse de buna karşı çıkan birçok insan bulunuyor. Mars'a yapılacak insanlı yolculuğun kimleri kapsadığı hiçbir zaman dile getirilmedi. Çoğu kişi parası olan zengin kişilerin Mars'a gideceğini düşünüyor. Lâkin bunun tam tersinin gerçekleşme olasılığı daha yüksek. Dünya, 8 milyar insanı besleyecek kapasitede değil. 2050 yılına kadar da bu sayısının iki katına çıkması bekleniyor. Peki, bu kadar insan dünyaya nasıl sığacak ya da bu insanlar nerede yaşayacak? İşte kilit soru bu. Bu yüzden Mars ya da başka bir gezegen bulma arayışları insanlığın geleceği için yapılmıyor. Milyarlarca insanı Dünya'dan başka bir gezegene sürmek için yapılıyor. Dünya'da belli bir tebaanın kalması ve yapay zekâya sahip robotların bunlara hizmet etmesi öngörülüyor. Çünkü robotların insanlara göre birçok avantajı var. Yapay zekâya sahip robotlar, insanlardan çok daha ucuzlar çünkü su, yiyecek ve nefes alabilmek için hava gibi şeylere ihtiyaç duymuyorlar. Asla itiraz etmez, sosyal haklara ihtiyaç duymaz ve en önemlisi sınırsız bir itaat kültürüne sahipler. İnsanlar yerine bütün işleri robotlar yaptığında doğal olarak eski sürüme düşen sıradan insanların gideceği tek yer Mars ya da herhangi bir başka kaya parçası olacaktır. Bu söylediğim senaryo, yapay zekâyı üreten beyinlerin kafalarındaki fikir. Eğer Dünya'da yeterince yer kaplayan insan kalabalığını bu gezegenden, çeşitli vaatlerle başka bir gezegene götürebilirlerse Dünya'nın tadını kendileri sonuna kadar çıkarabilecekler. Plan bu. Bu senaryonun gerçek olduğunu düşünelim. Dünya'daki insan popülasyonu toplam 10 milyon civarında olması planlanıyor. Nüfus bu kadar az olunca, büyük metropollere, köylere, kasabalara, milyonlarca otomobile, uçağa, otoyollara, çevreyi kirleten fabrikalara ihtiyaç kalmayacak. Belli bir zümreye hizmet eden robot köle ordusu ise bu insanların ihtiyaçlarını karşılayacak iş gücünde çalışacak. Doğum hızı belli bir kontrol altında tutulacak. Bu da doğanın kendini onarması, hayvan popülasyonlarının çoğalması anlamına gelecek. Çalışmak zorunda hiç olmamış bu zümre, itaatkâr robot köleleriyle sonsuza kadar huzurlu bir hayat sürmenin planları içinde.

*

Fakat bir diğer kilit nokta burada kendini gösteriyor. Böyle muhteşem bir hayatın imar edilmesi için belli engellemeler bulunuyor. Mesela, günümüz yasalarına göre insan öldürmenin ağır cezaları bulunuyor. Ayrıca, milyarlarca insanı tek tek öldürmenin ya da toplu katliam yapmanın maliyeti de bir o kadar yüksek. Bu katliamlar yaşanırken toplumun anarşiye kayması, var olan ekonomik düzenin bozulması, sistemin tıkanması ve binlerce yıldır zorlu uğraşlar sonunda ulaşılan medeniyet seviyesinin kaybedilme riski var. Ayrıca atom bombası, kitle imha silahlarının dünyaya vereceği zarar ise en büyük tehlike olarak görülüyor. Bütün bu senaryoları elmas işçiliği edasında gözden geçiren üst akıl kendi için bir yol haritası hazırladı. Bu yol haritasına göre birincisi yaşanılabilir başka bir gezegen bulmak hepsinden daha ucuz ve risksiz. Üstelik sıradan insanlardan kesilen vergiler ve uzay araştırmalarında görev almak için can atan yüzlerce beyin varken bunu yapmak da aptalca olurdu. İkincisi ise, insansız bir dünya hayali için robot ve yapay zekâ çalışmalarına hız verildi. Devletlerin ve toplumların bu çalışmalara karşı çıkmaması için, yapay zekâ çalışmalarının, uzun hayat, ölümcül hastalıklardan kurtuluş, hasta bakıcı ve işçi hatta yeni hayat arkadaşı gibi yalanlar söylendi. Uzun hayat ve rahat yaşam fikri insanlara sıcak geldi. Hatta insanların gitmekte zorluk çektiği uzak diyarlara Mars gibi gezegenlere yapay zekâya sahip robotların gönderileceği söylendi. Mars için yola koyulacak yapay zekâ insanlar için yeni bir yaşam kurmaktan çok yeni mezarlar kazacağı ortada.

Bütün bu kirli projenin gizlenmesi için de yapay zekâya sahip Sofia gibi robotlar ülke ülke dolaştırılarak, korkulacak bir şey olmadığı mesajı verildi. Ancak bütün bu halkla ilişkiler çalışmalarına rağmen ölümünden önce Stephen Hawking, insanlığın yapay zekâ karşısında dünya üzerinde yalnızca 100 yıllık bir yaşam süresinin kaldığı öngörüsünde bulunmuştu. Teknolojinin bu hızla ilerlemesi karşısında bu sürenin 100 yıldan daha kısa süreceği tahmin ediliyor. Açıkça söylemek gerekirse 2030, kırılma noktası olacak.

*

Bir diğer nokta yapay zekâya sahip robotlar bütün iş sahalarında söz sahibi olunca, insanların çalışacak bir işi kalmayacak. Doğal olarak milyarlarca işsiz insan ordusunu bir belirsizlik bekliyor olacak. Bunun farkında olanlar, yapay zekâya nasıl öncülük ettilerse insanları başka bir gezegene taşıma konusunda da aynı çaba içerisine girdiler. Fakat burada bir sorun ortaya çıkıyor. Ya insanlar Mars'a gitmek istemezse! İşte tam bu noktada güzel bir çözüm bulunmuş görünüyor. Yeni iş kaynağı ve zenginlik vaadi... Amerika kıtası keşfedildiğinde Avrupa'da açlık ve işsizlik kol geziyordu. Milyonlarca insana altın ve uçsuz bucaksız toprak vadedildi. Şimdi aynı argüman Mars için kullanılacak. İnsanlara dünyanın sonu geldiği, kuraklık, tarım alanlarının azalması, gıda kıtlığı, buzul çağı, ozon tabakasının delinmesi, salgın hastalıklar ve robotların her yeri ele geçirmesi gibi sebeplerden dolayı Dünya'yı terk etmeleri için bir sebep verilecek. Reklamlar, haber kanalları her gün size Dünya'dan gitmeniz için sebep üretecek. Üstelik gidecekleri yeni gezegende, uçsuz bucaksız araziler, yeni maden kaynakları, bol para, yüksek refah seviyesi gibi daha nice içi boş reklamvari vaatler verilecek. Ve insanlar Mars'a gitmek için can atacaklar. Öyle büyük gemiler inşa edecekler ki 10 milyonlarca kişi tek bir gemiyle Mars'a gidebilecek. Ve Mars hayali gerçek olan maceraperestlerin hayal kırıklıkları, gezegene adım atar atmaz yüzlerine yansıyacak. Dünya'ya hiç benzemeyen uçsuz bucaksız çorak toprakların bulunduğu bu gezegende yaşamakta zorlanacaklar. Geri dönmek isteseler bile artık bu mümkün olmayacak. Çünkü kesilen bilet tek yön. Ve Dünya artık 4.2 ışık yılı uzaklıkta. Gezegenler arası yolcuk ise taksi tutup eve gitmek kadar kolay değil. Üstelik Dünya'ya geri dönmenize kimse izin vermeyecek. Yapay zekâ ve onu üretenler sizi korkunç felaketlerle korkutarak yuvanız olan Dünya'dan postalarken, kendileri de güneş sistemimizde yaşam olan tek gezegende Smoothielerini yudumlayacaklar.

*

8 milyar insanı dünyadan Mars'a gönderdikten sonra geriye kalan azınlık sınıf yeni cennetlerinde sınırsız hayatın tadını çıkarmak için yeni planlar içine girecekler. Anıların ve düşün-

celerin transferini gerçekleştirmeyi başaranlar yaşam ömürlerini başka bedenlere taşımanın sevincini yaşayacaklar. Ta ki insanlık namına geriye bir şey kalmayıncaya kadar. Yarı robot yarı insan figürünün hayat bulduğu yeni yaşamlarda, gün gelip yapay zekâ insanlığın artık ömrünü tamamladığına karar verdiğinde, üst aklın mükemmel planı bir anda çöp olacak. Böylece gezegenin kontrolü yapay bir türe geçmiş olacak. Bu süreçte dünya kendini toparlayacaktır elbet. Yok olmanın eşiğine gelen türler çoğalacak, kesilen ormanlar gürleşecek. Kirlenen denizler yaralarını saracaktır. İnsanlığın geleceği ve rahatı için geliştirilen yapay zekâ ev sahibini evinden atan kiracı misali bizi evimizden atmanın zevkini yaşayacaktır. Kendi celladını kendisi yetiştiren bir tür olan insan evladı, tıpkı Dünya'ya sürüldüğümüz gibi Mars'a sürülmenin acısıyla yaşayacak. Milyonlarca yıl önce nasıl Dünya'ya kovulmuşsak ve sıfırdan başlayıp medeniyetimizi yükseltmişsek, Mars'ta da hayatta kalanlar, milyonlarca yıl sürecek sıfırdan gelişim sürecinin temellerini belki atabilir. Bunu başardığımızda ise Mars'a ilk giden atalarımızın bize öğütleyerek hafızamıza kazıdığı bilgiler milyonlarca yıl içinde unutulup gidecek. Ve belki de Mars'ta yapay zekâyı bulmanın şafağına bile gelebiliriz. Kim bilir belki de bu kendini tekrarlama döngüsü başka bir gezegende ya da galakside yeniden başlatılacaktır.

*

YENİ BİR YAŞAMA ADIM ATMAK İÇİN BUNLARI UYGULAYIN

Kitabımda birçok konuya fazla laf ebeliği yapmadan, gereksiz bilgiyle kafanızı şişirmeden kısa ve özet bir bilgiyle bildiklerimi size anlatmaya çalıştım. Kafanızda soru işaretleri uyanmışsa eğer bu iyi haber. Çünkü artık sistemden çıkmaya hazır bir birey hâline gelmişsiniz demektir. Eğer anlattıklarım size saçma gelmişse, bu sistemden çıkmaya hazır olmadığınız ve sizi söyleyen yalanların benim size sunduğum gerçeklerden daha az acı verdiğini düşündüğünüz için olabilir. Bunun için birçok sebep de bulmak mümkün lâkin olgunlaşmamış beyinleri kurtarmaya çalışmak çok daha tehlikeli. Çünkü söylediklerimin tersini düşündükleri için ellerindeki gerçeklere sıkı sıkıya sarılacaklar ve bunun için savaşacaklardır. Bu yüzden kitabın bundan sonraki bölümünü bu kişilerin okumamaları şiddetle tavsiye ederim. Bu yüzden size son bir hatırlatma yapmak istiyorum. Dünya, bir zamanlar dağ kadar büyük muhteşem canlıların dolaştığı bir gezegendi. Ve bu mavi gezegen ne insan evladından önceki canlılara ne de insan evladına aitti. Bu dünya yeni doğmuş ve şu an emekleme döneminde olan bir türe ait. Neden mi, çünkü zaman en güçlü canlıları bile yok edebilecek güçte. Ve insan evladı bu gücün karşısında her zaman zayıf kaldı. Şu an kendinize bir bakın; zaman size neler yaptı? Ve bir gün zaman çocukluğunuzu ve gençliğinizi elinizden alacak. Sana rüyalarını, sevdiklerini, acılarını ve hayallerini unutturacak. Senden geriye kemik ve kumdan başka hiçbir şey kalmayacak. İşte o gün senden geriye kalan kumun üstünde yeni bir Tanrı yürüyecek hem de hiç ölmeyecek bir Tanrı. İşte o Tanrı'nın adı yapay zekâ. Ve o Tanrı'yı insan evladı kendi eliyle yarattı. Sırf zamana yenik düşmeme hırsı yüzünden...

*

Bu küçük uyarıdan sonra sistemin kendini kandırdığını düşünen beyinler ise bu satırları büyük keyifle okumaya devam edebilirler. Tavşan deliğinin sonunu görmek için çok beklediniz ve buna değdi. Yeni bir yaşama adım atmak için yapmanız gerekenleri ve bizzat benim de uyguladığım yolu size göstereceğim. Zaman zaman sisteme giriş çıkış yapabilmeniz için sağlam köklere sahip olmanız gerekecek. Sisteme giriş amacınızın ise orada kalmak değil, oradan çıkmaya çalışan kişilere yardım etmek olması lazım. Umarım bunu hep birlikte başarabiliriz.

*

Kitabı baştan sona okuduğunuza göre ilk atmanız gereken adım sosyal medya hesaplarınızı kapatmak olacak. Fakat bu geçişin sancısız olması için bu adımı yavaş yavaş atacağız. Şimdi sizden yapmanızı istediğim ilk şey, telefonun ana ekran bölümünden sosyal medya hesabınızı kaldırmanız. Sosyal medya hesaplarınızı kapatmanızı istemiyorum sadece ana ekrandan kaldırmanızı istiyorum. Böylece sosyal medya uygulamalarıyla sık sık göz teması kurmanızın önüne geçmiş olacağız. Bunu belli bir süre yaptıktan sonra, bu birkaç günü bulabilir, daha sonra sosyal medyada paylaşım yaptığınız gün sayısını ve paylaşım sayısını azaltmanız gerekecek. Günde 20 fotoğraf, 5 video paylaşıyorsanız (bu paylaşımlara başkalarının paylaşımlarını paylaşmak da dâhil.) bunu yarı yarıya azaltmanızı istiyorum.

Bu maddeyi bir hafta boyunca uygulayın, devam eden haftalarda ise bunu yine yarıya ve en son hiç paylaşım yapmadığınız haftaya kadar devam edin. Artık beğeni ve bildirimler gelmediği için sık sık telefonunuza ve sosyal medya hesaplarınıza bakma ihtiyacınız da azalacak. Telefonla ve sosyal medya hesaplarınızla ne kadar az temas kurarsanız nefes almak ve kendinize ayırdığınız zaman da bir o kadar daha kaliteli hâle gelecek. Hiç paylaşım yapmadan geçen 1 ay sonunda sosyal medya hesaplarınızın artık sıkıcı ve zamanınızı çalan kaliteli bir hırsız olduğunu anlamaya başlayacaksınız. Bu süre zarfında dostlarınızla mekânsal birliktelik kurmaya başlayabilirsiniz. Yüz yüze iletişimin kuvveti ve sıcaklığı sizi sardıkça gerçek hayata daha çok alışacaksınız. Bu süre zarfında dostlarınızla sohbet ederken, artık sosyal medya kullanmadığınızı, sıkıcı ve boş olduğunu söylediğinizde size olan ilgileri daha çok artacak hatta onlar da sizin gibi olmak için sizden yardım isteyeceklerdir. İşte teknolojinin yapamadığı ve veremediği o samimiyet ve sıcaklık ocağına bir odun daha atarak gerçeğin ateşini körükleyebilirsiniz.

*

Nasıl vücudumuzun detoksa, rejime ihtiyacı varsa, ruhen de teknoloji detoksu yapma ihtiyacımız var. Sosyal medya hesaplarımızdan biraz uzaklaşmak için bazı beyaz yalanlara da başvurabilirsiniz. Mesela yürüyüşe çıktığınızda ya da bir filme gittiğinizde bilerek ve isteyerek telefonu evde ya da arabanızda bırakın. Bunu yaptığınızda kendinizi biraz güvensiz hissedebilirsiniz. Hatta tedirgin ama emin olun sık sık bunu yaptığınızda daha huzurlu hissettiğinizi göreceksiniz. Telefonsuz yürüyüşe çıkmakta zorlanıyorsanız telefonların çekmediği dağlık alanlara gezintiye çıkabilirsiniz. Bayram ziyaretlerinde memleketinize gittiğinizde eminim zaman zaman bunu yaşamışsınızdır. Böyle zamanları kovalamanın yolunu arayın. Burada bir hatırlatma daha yapabilirim. Telefonunuzu sık sık şarj etmeyerek şarjını bitirebilir böylece kendinize beyaz bir yalan söyleyerek "Tüh gördün mü şarj etmeyi de unuttum, şarjım bitti." gibi söylemlerle kendi iç benliğinizi bastırabilirsiniz. Her şey bir yana bilinen en basit yöntem ile telefonunuzu ayarlar bölümünden rahatsız etmeyin moduna alabilirsiniz. Böylece isteseler de kimse sizi rahatsız edemez ve telefona bakma ihtiyacı duymazsınız. Bir diğer seçenek ise yatmadan önce telefonunuzu kapatmak ya da internetini devre dışı bırakmak. Hatta yatarken telefonunuzu sizden 2 ya da 3 metre uzağa mümkünse odanın dışına bırakın. Göreceksiniz rahat uyku ve huzurlu bir gece sizi bekliyor olacak. Hâlâ tatmin olmadıysanız biraz bilimsel de konuşabilirim. Yapılan araştırmalara göre uyumadan önce parlayan bir cihaza bakmak beyin kimyasallarının kafasını karıştırıyor. Güzel bir uyku çekmenizi zorlaştırıyor.

3 aylık bir süre zarfında bu söylediklerimi yaptığınızda ve uyguladığınızda artık sosyal medya hesaplarınızı dondurmanın hatta silmenin zamanı gelmiş demektir. Sistemden çıkış yaptığınızda gerçek hayata başlamış olacaksınız. Sistemden çıkış yaptığınızda sizi hiç aramayan kişilerin aradığını görecek, "Nerelerdesin görünmüyorsun, ne yapıyorsun, sosyal medya hesabını kapattın mı?" gibi sorularla karşılaşacaksınız. Bu sizi o kadar mutlu edecek ki ne kadar doğru bir karar verdiğinizi bir kez daha anlamış olacaksınız.

*

Gerçek dünyadan, sanal dünyadaki arkadaşlarınıza eskiden yaptığınız gibi e-posta yollamak yerine mektup ya da gittiğiniz şehirlerden kart gönderin. Bu hem onları mutlu edecek hem de şaşırtacaktır. Yaşadığınız hayatın ne kadar keyifli ve kaliteli olduğunu gören dostlarınız sizi özenmeye hatta sizin gibi yaşamaya başlayacaklardır. Bir hobiniz yok ise hobi edinmeye, doğada daha çok vakit geçirmeye, yeni yerler keşfetmeye, hayvan sahiplenmeye veya sokağınızdaki hayvanları beslemeye başlayın. Yaşadığınız yerde yaşlı, engelli, fakir ya da yardıma ihtiyacı olan kişiler var ise, hiç olmazsa yılda bir kere bu kişilere yardım edebilir ya da ziyaret edebilirsiniz. Hiçbir şey, sizden yardım isteyen bir kişiye yardımcı olduktan sonra içinizde oluşan tarifsiz mutluluğu veremez. Başkaları gibi yaptığı yardımı hava olsun diye sosyal medya hesabınızda paylaşmayarak, hem yaptığınız yardımın gerçek bir yardım olarak kalmasını sağlayacaksınız hem de içinizdeki insanı mutlu etmiş olacaksınız. Bu mutluluk size içinizde yıllardır biriktirdiğiniz ama hayat mücadelesi bahanesiyle bir türlü hayata geçiremediğiniz bir gerçeği de ortaya çıkaracak. Ne mi? Tabii ki yeşile ve maviye olan özlem…

*

Şehirlerin mezar taşları olan yüksek katlı binalar ve gökdelenler sizi artık şaşırtmıyor, sıkıyorsa gitme vaktiniz gelmiş demektir. Siz de birçok insan gibi beton ormanları terk edilip gerçek ormanların içinde yaşamak için geç kalmış sayılmazsınız. Etrafınızı çepeçevre saran teknoloji ve modern yaşamı terk edip köye veya küçük bir sahil kasabasına yerleşme hayalini gerçeğe dönüştürebilirsiniz. Peki, hayatınızı temelden değiştirecek bu göçe gerçekten hazır mısınız? İşte bu noktada ben devreye giriyorum. Sizi bu hayalinize kavuşturmak için küçük tüyolar vereceğim. Hayalinizin kâbusa dönmemesi için nereden başlayacağınızı ve hangi adımları atacağınızı bilmenizde fayda var. İşte o adımlardan bazıları. İlk adım olarak gitmek istediğiniz yerlerin listesini yapın. Hatta Buğday Derneği'nin organize ettiği Tarım, Turizm, Takas (TATUTA) çiftliklerine gidip, orada kırsal hayatı deneyimleyin. Böylece derinliğini bilmediğiniz suya iki ayağınızla atlamamış olursunuz. Bunun size katacağı tecrübe, şehirden ne kadar uzakla ya da şehre ne kadar yakın bir yerde yaşamanız gerektiği konusunda fikir verecektir. Ayrıca gitmek istediğiniz yerlere göç etmeden önce sosyal çevre oluşturmanıza yardımcı olabilecek arkadaşlar edinmeniz faydanıza olacaktır. Ayrıca, 3-4 kişilik bir grupla bu işe başlarsanız daha iyi olur. Hem yalnızlık hissetmezsiniz hem de daha çabuk adapte olursunuz. Köye veya çok da popüler olmayan bir sahil kasabasına yerleşmeden önce harcamalarınızın minimum olacağını söyleyebilirim. En temel ihtiyaç olan kira, faturalar ve gıda için aylık ortalama 500 lirayı geçmeyecektir. Bu size büyük bir rahatlama getirecektir. İhtiyacınız olan parayı gideceğiniz yerde kazanacaksanız eğer bunu yapmanın basit yolları var. Yazları kasabada 3 ay çalışarak bir yıl yaşayabilirsiniz. Çiftçilik ya da hayvancılık yapabilirsiniz. Direksiyon eğitmenliği, herhangi bir beceriniz var ise kurs eğitmeni de olabilirsiniz. "Köyde ya da kasabada sağlık sorunlarını nasıl çözeceğim?" diye bir korkunuz varsa bu korkunuz yersiz. Çünkü var olan sağlık sorunlarınızın birçoğu sağlık sorunu olmaktan kalkacak. Doğal beslenme, temiz hava ve sıcak arkadaşlık ortamı sizin bağışıklık sisteminizi güçlendirecektir. Ayrıca, Genel Sağlık Sigortası ile sağlık ocakları ve devlet hastanelerinden yararlanabilirsiniz. Bu yaşamın sizi sosyal ve kültürel hayattan uzaklaştıracağını düşünüyorsanız yanılıyorsunuz. Emin olun zaman geçtikçe ziyaretinize gelip gidenlerin sayısı o kadar çok olacak ki sosyal medya hesaplarınızın bu kadar sık ziyaret edilmediğini fark edeceksiniz. Üstelik şehirden uzak ve küçük yerlerde kültürel etkinlikler ücretsiz olarak gerçekleşiyor. Büyükşehirde bunun için cebinizden tomarla para çıkması gerekiyordu. Bir anda değil ama zamanla her şey oturmaya başladığında yeni yerinizi sevmeye başladığınızda, teknolojiden uzak bir yaşamın size kattığı değerleri görmeye başladığınızda çok daha mutlu olacaksınız. Robotların henüz sokaklarda cirit atmadığı şu anki dünyada olduğunuz için kendinizi şanslı görüp, sanal dünyalarda, yalandan yaşamlarla hava atmanın derdinde olup, beğeni ve tık sayısı istediği kadar olmadığı için depresyona giren kişilerden uzak olmanın tadını çıkarın. Ayaklarınız çıplak şekilde çimlerde koşup, soğuk suların sizi üşütmesine izin verin. Üstünüzün kirlenmesini dert etmeden toprakla uğraşıp, karşılıksız ve koşulsuz sizi sevecek hayvanlarla bir arada yaşamanın keyfini sürün. Sizi teknolojinin kölesi yapan uygulamalardan ve hayat tarzından uzaklaşmanın başarısını gerçek hayatta yanınızda duran dostlarınızla kutlayın. Sistemden çıkıp yüzünüzü yeşile ve maviye dönün. Mutluluğun kalbinize girmesine izin verin. Metal yorgunluktan uyanıp gerçeğin dünyasında gökyüzüne bakmanın eşsiz hazzını yaşayın.

*

Platon 2 bin 400 yıl önce, "Önemli olan, hayatta en çok şeye sahip olmak değil, en az şeye ihtiyaç duymaktır." demiş. Ne de güzel söylemiş. Tam da günümüz insanlarının ihtiyaç duyduğu bir cümle bu. Peki, bu cümleden yola çıkarak biz ne yapabiliriz? Tabii ki minimalist yaşayabiliriz. Burada bana "Minimalist yaşamak nasıl bir şey?" diye sorabilirsiniz. Minimalist yaşam; insan hayatındaki maddi ve manevi unsurları, ihtiyaçlara göre sınırlayıp en aza indirgeyerek, daha fazla odaklanabilirlik, hareket serbestliği, yaşam konforu ve kalitesi kazandıran yaşam şekli anlayışıdır. Bu yaşam felsefesine sahip olabilmemiz için önce etrafımızı çepeçevre saran teknolojiye bir boykot uygulamamız lazım. Bilgi ve iletişim teknolojilerindeki ilerleme sebebiyle yaşamın artan hızı ile her geçen gün katlanarak artan bilgi yoğunluğu, özetle değişen yaşam şeklimiz sebebiyle kaldırabileceğimizden daha fazla bilgi yoğunluğuna boğulmuş durumdayız. Bunun sonucu olarak daha çok tüketiyor, daha çok çalışıyor, daha fazla öğrenmeye çabalıyoruz. Bize sunulan her şey artık daha fazla ama eskiye oranla çok daha mutsuzuz. Oysaki herkes bütün bunları mutlu olmak için yapıyor, demek ki yanlış olan bir şeyler var.

İşte tam bu noktada sizin yanlışı düzeltmeniz gerekiyor. İlacınız ise minimalist yaşam şekli. Şimdi teknolojik yaşamın ortaya çıkardığı olumsuzlukları en aza indirmek ve bertaraf etmek adına hep birlikte birtakım önlemler alacağız. Hayatımızı, çevremizi, ilişkilerimizi ve zihinsel süreçlerimizi sadeleştirerek daha kaliteli, konforlu ve özgür bir yaşama sahip olacağız. Minimalist yaşayabilmek için bizi kendine esir eden her şeyden kurtulmak gerekiyor. Öncelikle paraya, hayatı idame ettirmeye yardımı olan bir araç olmaktan öte bir anlam yüklememek gerekiyor. Yani parayı sevmekten vazgeçmelisiniz. Aynı şekilde nesnelere sahip olmak da hayatın bir gerekliliği olmaktan çıkmalı. Nesnelere aşırı şekilde bağlılık, o nesnenin kaybı sonucunda ciddi üzüntülere yol açar. İşte sizin kurtulmanız gereken zihinsel durum tam olarak bu. Oysaki tüm bu zihin yapısını terk edip, en önemli olan şeyin maddeler değil, bizler olduğunun farkına varırsak, o zaman maddelerin gelip geçici olduğunu, kayıplarının telâfi edilebilir olduğunu anlarız ve maddelerin bizi üzmesine izin vermeyiz. Nesneleri, hayatımızın merkezi olmaktan çıkarıp kendimizi merkeze koymalıyız. Sahip olduğumuz her nesneyi saklamak zorunda değiliz. Tabii ki bizim için hatıra niteliğinde olan nesneleri kastetmiyorum. Ancak bunlar dışında kalan ve işlevini yitirmiş, kullanmadığınız eşyaları başkaları ile paylaşmıyor, konu komşumuza hibe etmiyor hatta satmıyorsak, açık bir şekilde nesnenin kontrolü altındayız demektir. Bu davranış, özünde kötü niyet barındırmasa da bizi gereksiz bir kalabalığın verdiği bunaltıcı bir yaşama çekiyor. Refaha ermenin yolu ise az eşya, çok mutluluktan geçiyor. Eşyalarınızı azaltmanın psikolojik zorlukları olduğunu söylemem lazım ama sonrasında doyumsuz bir mutluluk yaşamanız psikolojinizi de düzeltecektir.

Psikoloji demişken minimalist yaşamda zihinsel temizlik de önemli bir yer tutar. Zihninizde biriktirdiğiniz çözülmemiş meseleler, bunlar iş, aile, arkadaşlık, ilişki hatta hayata bakış açınızla ilgili fikirler bile olabilir. Bunların hepsi beyninizde kalabalık yaratır. Bu nedenle, değiştiremeyeceğiniz şeyler üzerine düşünmekten vazgeçin. Bunu yapmanın en kolay ise başka uğraşlar bulmaktır. Sizi mutlu edecek fikirler üzerinde yoğunlaşabilir, hiçbir fikriniz olmadığı bir konu üzerinde araştırma yaparak da sorunlardan kurtulabilirsiniz. Hatta dertleşme, sohbet etmek kafayı boşaltmanın ve biriken sorunların dışa vurulmanın en iyi yoludur. Eğer arkadaşlarınıza anlatamıyorsanız bir hayvana, bir ağaca hatta bir taşa bile derdinizi anlatabilirsiniz. Zihninizi arındırmak öğrenmenizi kolaylaştıracak, üretkenliğinizi arttıracak hatta uykunuzdan bile daha çok verim almanızı sağlayacaktır. Ayrıca meditasyon, yoga, dans gibi aktiviteleri alışkanlık hâline getirmeniz beyninizi dinlendirmeye fazlasıyla yardımcı olacaktır. Bedeninizi yoracak aktivitelerin size iyi geleceğinden eminim.

Minimalizmde bir diğer konu ise etrafınızdaki fazla insanlardan kurtulmanın gerekliliğidir... Büyükşehirleri terk ettiğinize göre gereksiz insan yığınlarından kurtulmuş oluyorsunuz. İşiniz ya da çevreniz gereği muhatap olmak zorunda kaldığınız insanları da yaşam alanınızı değiştirerek bir bakıma ekarte ettiniz. Şimdi sıra kendinize geldi. Biraz yalnız kalmaya ihtiyacınız var. Bu doğrultuda kendinizle vakit geçirmek hayatınızla ilgili farkındalığınızı artıracak ve değer duygumuzun gelişmesine yardımcı olacaktır. Kendimizle paylaştığınız bu zaman hayatınızdaki fazlalıkları ve işe yaramaz eylemleri atmamıza yardımcı olurken minimalist yaşamı daha çok özümsememizi sağlayacaktır. Dışarıdaki sesleri boş verin kendinizle baş başa kalınca iç sesinize yoğunlaşın ve onun söylediklerini uygulayın.

*

ÇEKİM YASASINI HAYATINIZA SOKUN

Hayatımda sıklıkla uyguladığım bir başka yöntemi daha sizlerle paylaşacağım. Bazılarınız başlığı okuduğunda hangi konudan bahsedeceğimi hemen anlamış olabilir bazılarınız ise bunu hayatında ilk defa duyuyor olabilir. Ama hemen hemen herkesin hayatında yer vermesi gereken en önemli düşünce şekillerinden biri çekim yasasıdır.

Oldurma, en basit tabiriyle bir şeyi oluşturma, yaratmadır. Buradaki yaratım yoktan var etme değil, olanı dönüştürmedir. Yani bir tür ruhsal enerji çevrimidir.

Ruhumuzdaki potansiyel yaratım enerjisini evrene yansıtarak, evrende değişiklikler yaratmanın sanatıdır. Bunu herkes farklı bir şekilde yapıyor. Kimi dua ederek, kimi ibadet ederek, kimi adak adayarak, kimi yoga yaparak kimileri de kendilerine özgü yöntemlerle bu çekim yasasını uyguluyor. Bilerek ya da bilmeyerek... Ama bunu bilerek yapmak düşüncenin gücüne inanmak bu yasanın daha iyi işlemesini sağlayacaktır. Çekim yasasında "İnan, olsun" kalıbı doğru bir yaklaşım olmasına rağmen eksik bir yaklaşımdır. İnanıp oldurmanın da bir mühendislik işleyişi vardır. Size bu mühendislik yöntemini en basit şekliyle anlatıp sistemin size dayattığı kölelik düşüncelerinden kurtulmanızı sağlayacağım.

Öncelikle çok istediğiniz olguların gerçekleşebilmesi için birinci öncelik bu düşünceye sorgusuz sualsiz inanmaktan geçer.

Her şey irademiz dâhilinde gerçekleşir ve bizi insan kılan iradedir. İrade, isteği yaratır istek de oldurmanın ana maddesidir. Bu yüzden evreni harekete geçiren irademizdir. İrademiz ne kadar güçlüyse, hayatımızda istediğimiz değişimlerin dönüşümü de o kadar kolay olur.

Bir diğer nokta ise isteklerimizin olması için yeterli bir enerji eşik değerini geçmeliyiz, bunun için de istekleri oluşturma konusunda ısrarcı olmalıyız ve enerjiyi yoğunlaştırmalıyız. Hayatımızda olmasını istediğimiz değişimler için, sabah kalkarken, gün içindeki aktivitelerimiz sırasında hatta gece bu düşünceyle uyumak çekim yasasının kusursuz işlemesine yardımcı olacaktır. Öte yandan yaydığımız düşünceler benzer enerjileri çeker. Benzeşimle birlikte çalışır. Bu, mutlu insanların hep kendilerini mutlu eden olay ve eylemlerle karşılaşmasına, mutsuz insanların da kendilerini mutsuz edecek olay ve eylemleriyle karşılaşmasına yol açar... Başımıza bir felaket geldiğinde sanki bütün felaketler bundan haberdarmış gibi aksilikleri üst üste yaşadığımızda bu, çekim yasasının bir sonucudur. Bu yüzden olumlu düşünmeye ve bizi mutlu edecek eylemlere yoğunlaşmaya gayret etmeliyiz.

Bunun için bir şeyi sadece istemek, o şeyin olması için yeterli değildir. Enerji belli bir süre sonra dağılmaya meyillidir. Her gün düzenli olarak isteğimiz eylemlere konsantre olursak, enerji yoğunlaşacağı için dağılmadan aynı bir enerji topu gibi evrene yollayabiliriz. Bunun için aynı saatte ve periyodik olarak yapmak oldukça önemlidir. Bu yüzden dini inançlarda yapılan düzenli ibadetlerin insanlar üzerinde etkisi ve tesiri çabuk hissedilir.

Bir diğer nokta ise, bir dileğin gerçekleşmesi için ne kadar uzun bir ön hazırlık aşaması yaparsak, bir şeyleri gerçekleştirmek o kadar kolaylaşır. Çünkü ön hazırlığa başladığımız anda enerji zaten odaklanmaya başlar, odaklanmış enerjiye isteği yükleyerek göndermek çok daha kolaydır. Bu ön hazırlıklar aynı zamanda çalışmanın ne kadar önemli olduğu mesajını bilinçaltına gönderir ve bizi buna inandırır. İnançlı insanlar inançları gereği bu ön hazırlığı her gün yaparlar. Dua ederken, ibaret ederken, toplu ayinlere katılırken bu olumlu enerjiyi çok daha kuvvetli gönderirler. Lâkin olayın püf noktasını burada bir kez daha belirtmek istiyorum. İstediğiniz şeyin gerçekleşmesi için bedenen, ruhen ve kalben buna koşulsuz inanmak şart. Hatta burada bir de kültürel not düşmek istiyorum. "Bir insana kırk kere deli derseniz deli olurmuş.", "Bak istedim oldu, Allah'tan başka bir şey istesem olacakmış." gibi hayatımızda yer olan bu tür olumlu gelişmelere hepimiz şahit olmuş ya da yaşamışızdır. Enerjiyi doğru yönlendirmek ve tekniği doğru uygulamak önemli.

*

Dünyadaki bütün yaygın kanıya göre, yaratıcı "Ol!" dediğinde evrenin yaratılma sürece gerçekleşmiştir. Özellikle "Ol!" dendiğinin vurgulanması yani bu emrin ses enerjisi olarak verildiği ifadesi tesadüf değildir. Bu yüzden bir şeyleri dilerken bunları sesli dilemek, enerjinin gerçekleşme sürecini olumlu yönde etkilemektedir. Aynı şekilde olumsuz şeylerin de sesli söylendiğinde daha çabuk başımıza geldiğini hepimiz fark etmişizdir. Bu yüzden ne söylediğimize ve ne dilediğimize çok dikkat etmeliyiz. Unutmadan, birçok insanın isteklerinin gerçekleşmemesinin tek sebebi enerjiyi serbest bırakmayı atlamalarıdır. Israrcı olduktan, dileği dileyip, enerjiyi yükselttikten sonra, bir anlığına isteğimize dair hiçbir şeyi umursamamak, bir hiçlik duygu durumuna geçmek durumundayızdır. Böylece yaydığımız ve odakladığımız enerjiyi serbest bırakırız. Eğer gerçekleşmesini istediğimiz dileğe çok fazla odaklanırsak, enerji akışını tıkarız ve dileğimiz evrene ulaşmaz. Bu tıpkı bir binanın havalanmasını sağlayan hava kanallarındaki şalteri indirmeye benzer. Hava akışı durursa o temiz hava binaya ulaşmaz. Bu yüzden istedikten, odakladıktan sonra tam bir güvenle gerisini evrene bırakmalıyız.

*

HER ŞEYİ OLDUĞU GİBİ KABUL EDİN

Birçok insanın düştüğü hataya sizler de düşmüş olabilirsiniz. Ben de düştüm. Nedir o hata, mükemmel olma çabası, en iyi olma gayreti, en güzele sahip olma isteği ve kendimizdeki kusurlardan kurtulma isteği. Aslında bu saplantılı düşünceler bizi biz olmaktan çıkaran ve çevremize uyum sağlamak yerine zarar verme dürtüsünü tetikleyen tehlikeli düşüncelerdir. Bu hatadan kurtulmak hiç de zor değil. Öncelikle hiç kimse süper kahraman değil, süper kahraman olma gayreti içinde de olmamalı. Bizim buradaki asıl görevimiz önce kendimizi tanımak ve bulunduğumuz çevreyle uyumlu bir şekilde yaşamaktır. Çünkü kendimizi aydınlatırsak başkalarına ışık yayma şansına sahip olabiliriz.

Peki, bunu nasıl yapacağız diye kendinize soruyor olabilirsiniz. Bu sorunun cevabı oldukça basit. Bunu kendimizi olduğumuz gibi kabul etmek ve sahip olmadığımız sıfatları kendimize yüklemekten vazgeçmek. Nedir bu etiketler derseniz, okumuş, cahil, zengin, fakir, siyah, beyaz, Doğulu, Güneyli, Avrupalı, Afrikalı gibi. Bu yüzden hem başkalarının bize taktığı hem de kendimize taktığımız etiketleri bir kenara bırakmak ve bütün bu etiketlerin ötesinde yüce bir ruhun parçası olduğumuzu bilmek, varlığımızı onurlandırmanın en etkili yoludur. Çevrenizdeki canlıları oldukları gibi sevin. Kendinizi de olduğunuz gibi sevin. Sizi sevecek olan insanlar da sizi siz olduğunuz için sevsin. Üstünüze yüklenen sıfatlardan dolayı sevmesin. Bu düşünce yapısına sahip olursak yolda ilerlememiz daha kolay olacaktır.

*

Buna ek olarak varoluşu kucaklamanın belli aşamaları ve çalışmaları da vardır. Asıl bilge olan yüzümüz, çocuksu yüzümüzdür. Herkesin ilk baktığı yer, yüzümüzdür. Yüzümüzdeki kusurlardan utanmamalı, onlarla barışık yaşamayı öğrenmeliyiz. Çünkü asıl koşulsuz sevgiyi o yönümüz yaşar. Bu yüzden içimizdeki çocuğu öldürmemek, tam tersine onu kucaklamak oldukça önemlidir. Birçoğumuz ruhsal yolculuğumuzda kendimizi kabul etmeyi unutur ve sadece farklı kavramlara odaklanırız. Hâlbuki içimizdeki çocuk, kayıp parçalarımız ve fiziksel kabullenmemeler gibi hataları görmemize, kendimizi ve çevremizi kusurlarıyla kabul etmeyi, onları oldukları gibi hayatımıza almayı hatırlatır. Kendinizi fiziksel, ruhsal, duygusal ve mental olarak sevin. İçinizdeki çocuğu, gizli yönlerinizi ve en karanlık taraflarınızı en az aydınlığınız kadar kucaklayın. Dijital dünyada kendimi kusurlarımızı kapattığımız ve bizi biz yapan özellikleri gizlemeyi tercih ettiğimiz için mutsuzuzdur. Çünkü olduğumuz gibi sevilmeyi istiyorduk. Sistemden çıkış yapıp, kendimizi ve çevremizi olduğu gibi kabul edip, etrafımızı değiştirmeyi bıraktığımızda mutluluğu yakaladık. Olumlu düşünme felsefesini iyice benimsediğimizde gerçek hayatın sahtesinden çok daha mutluluk verdiğini göreceksiniz.

*

HATA YAPMAKTAN KORKMAYIN

Toplumsal öğretilerden en önemlilerinden biri de hata konusudur. "Aman hata yapma çocuğum, yüzümü kara çıkarma yavrum." gibi söylemler bize hata yapmanın kötü bir şey olduğunu öğretti. Aslında hata yapmak aynı hatayı tekrarlamaktan daha masumdur. Hata yapın. Hata yapmaktan korkmayın. Yıllardır hata yapma korkusuyla beyninize uyguladığınız yoğun baskı sizi olmadığınız birine dönüştürdü. Hata yapın ama o hatanın sonunda kendinizi affetmeyi de unutmayın. Kendinizi suçlamaktan kaçının. Kendilerine hata yapma payı tanımayan insanlar genelde diğer insanların hatalarını sürekli eleştirme gibi bir yanlışa düşerler. Önce kendi hatalarımızı sonra da başkalarının yaptığı hataları affetmeliyiz. Hangi konularda hata yapıyoruz derseniz arkadaş seçimi, sevgili seçimi, meslek seçimi, mekân seçimi gibi... Bunları çoğaltabiliriz. Bu yüzden mükemmel olmaya da çalışmayın. Olduğunuz gibi görünüp göründüğünüz gibi yaşayın.

*

Eğer kötü, yanlış ve çirkin olmasaydı bu kelimeleri anlamlandırabilir miydik? Yanlış olmadan doğru olur muydu sizce? Kötü olmadan iyi? Ya da çirkin olmadan güzel olur muydu? Bu olumsuz gibi gördüğümüz tanımlar aslında bizi olumluya götüren tanımlar değil mi? Peki hata yapmadan doğruya nasıl ulaşacağız? Sadece okuyarak ve birilerinin söylediklerini sorgulamadan salt doğru kabul ederek mi? Yoksa bazen anneniz "Dokunma, cısss!" dese de canınız o sıcak sobaya dokunmayı ister mi? Elbette ister. Bu yüzden hata yapma lüksümüz vardır. Hatalar bazen bedelleri büyük olsa da aslında sizi doğruya, iyiye, güzele götüren aksiyonlardır. Bazen bir şeyin hata olduğunu anlamak için birinin bunu bize söylemesi yetmez. Bazen bizzat o hatayı yapmanız gerekir aklınıza kazınıp tekrar aynı hatayı yapmamanız için.

*

Ama hata yapmaktan korkan bir topluma sahibiz. Toplum bize hatalarımızı asla kabul etmemeyi öğretti. Hep haklıyızdır ve hata yapmayan tek insan bizizdir. Sürekli karşımızdakini suçlarız. Haksızlık ederiz ama haksızlık ettiğimizi de fark etmeyiz. Bu insanların hatalarını kabul edip, bundan ders çıkarıp özür dilediğini asla göremezsiniz. Bu tip insanlar günümüzde çokça var. Neden mi? Çünkü kimse onlara hata yapma lüksleri olduğunu söylemedi. Herkes hata yapmaktan kaçınmasını, hata yapmanın kötü bir eylem olduğunu söyledi. Size de aynısını söylediler.

Bazı insanlar da hata yapar. Gösterirsin, anlatırsın, öğretirsin, anlar kabul eder. Özür diler. Aynı hatayı tekrar yapmamaya gayret eder. Hatasını bilir, pişman olur, suçluluk duyar, üzülür, telâfi etmek için çırpınır. Görürsün hak verirsin, hatası sana zarar vermiş bile olsa unutursun. İşte hata yapma lüksü olduğunu bilen insanlar böyle davranır. Bu yüzden hata yapmak güzeldir.

*

Başarılı insanların hayatı hatalarla doludur. Başarı ve başarısızlık birbirine et ve tırnak kadar bağlıdır. Hata ve başarısızlık aynı şeyi öğretir. Kendinizi daha iyi tanımayı. Hataya düştüğümüzde ayrıca farklı bir bakış açısı kazanırız. Başka bir yol denemeyi, yeni bir metot keşfetmeyi öğreniriz. Ayrıca hata yapmaktan korkmak çoğu zaman daha büyük hatalara sebep olur. Yarını daha iyi hâle getirmek istiyorsanız geçmişte neyi hatalı yaptığınızı ve bundan nasıl ders çıkardığınızı bilmekten geçer. Peki, hata yapan insanların neler başardıklarını biliyor musun? Bir iki örnek vereyim. Thomas Edison'un yüzlerce hatta binlerce yanlış denemeden sonra ampulü keşfettiğini biliyoruz. "Binlerce kez yanlış yaptın hâlâ yanlış yapmaya devam mı edeceksin?" diye soranlara Edison; "Hiç yanılmadım, tam aksine 10 bin işe yaramayan yol buldum." cevabını verir. En büyük problemimiz ne biliyor musunuz? Kolomb Hindistan'a giden daha kısa bir yol bulduğunu sanarak Amerika Kıtası'nı keşfetti. Bir yanlış, bir hata sonucu yeni bir buluş. Hâlâ geçmişte yaşıyor olmamız, hâlâ hatalardan bahsediyor oluşumuz ve ileriye dönük hiçbir planlamamızın olmayışıdır.

*

İNATLAŞMAYI BIKAKIP TERK ETMEYİ DENEYİN

Sistemin bize dayattığı düşünce şekillerinden birisi de asla pes etmeyip ölene kadar mücadele etme dürtüsüdür. Neden, niçin sorularını sormadığımız pek çok olgu için mücadele verirken buluyoruz kendimizi. Sistem bizlere zorluklarla mücadele etmek, ısrarcı olmak, vazgeçmemek, pes etmemek gerekliliğini aşılarken bu hislerimizi kendi imparatorluğunu kurmak için kullandı. Karşımıza imkânsızlıklar çıktığında bile mutlaka bir yol bulmak zorunda hissettik kendimizi. Çünkü her an bu mesajlar etrafımızda dolaşıp duruyordu. Şimdi rahatlama, inatlaşmayı bırakma, evrenin akışına uyma vakti. Bazı şeylerin yürümediğini fark ettiğinizde kabul etmek ve vazgeçmek gerektiği fikrine alışmamız gerekiyor. Üstelik bu fikir bizi daha sağlıklı bir psikolojiye, doğa ve evrenle daha uyumlu bir canlıya dönüştürecektir. Makineleşmekten kurtulup, sistemin çarkı olmaktan çıkıp kendiniz olmaya başlayacaksınız.

*

Fakat hiçbir şey kolay olmadığı gibi yıllardır ilmek ilmek beynimize işlenen mücadele ve inat duygusundan kurtulmak da kolay olmayacaktır. Bu nedenle emek verilen bir yaşamdan, bir işten, bir fikirden vazgeçmek dünyanın en zor şeylerinden biridir. Ne kadar başarısız olursa olsun koltuğunu bir türlü bırakamayan politikacılar; akademik hayatta bir türlü emekliliğini isteyip de yerlerini gençlere bırakamayan yaşlı başlı profesörler, doğru olmadığı hâlde yanlış yolda yürümeye devam eden toplumlar; bırakmayı unutmuş, terk etme dürtüsünü terk etmiş kişilerdir. Siz onlara benzemeyin. Terk etmeyi deneyin. Kötü alışkanlıklarınızı, sizi mutlu etmeyen yaşantınızı, her gün beyninizi yiyen patronunuzu, size hiçbir şey sunmayan kapitalist düzeni terk edin.

*

Bugün dünyanın dört bir yanında bitkisel hayatta yaşayan ama alışkanlıklarını terk etmekten korktuğu için bitkisel hayatta olduğunu fark etmeyen milyarlarca insan var. İnatlaşmanın, terk etmemenin sizi kendine köle yapmasına izin vermeyin. Hiçlik denizinde yüzüp karaya ulaşmaya çabalayan ama bulduğu kara parçalarını beğenmediği için boğulma tehlikesi geçiren fikirlerinizi terk edin. Şu ya da bu sebepten ötürü ömrünü doldurmuş fikirlerin, hayatların sizin yaşam kaynaklarınızı kullanmasına izin vermeyin. Bitmeye mahkûm olan işleri, ilişkileri, fikirleri bitirmeyi öğrenmeliyiz. Bütün enerjimizi emen sistemden kurtulmak için sağlıklı adımlar atarak ilerlemek ve daha huzurlu bir hayat yaşayabilmek hiç de imkânsız değil.

*

Vazgeçmemizi zorlaştıran ilk sınır mantıksal mazeretlerdir. Zihnimiz vazgeçme hâlinde gelişecek olan yeni durumun bilinmezliğinden ürker ve kendi kendine mükemmel mantıklı gerekçeler üretir. Hangimiz sigarayı bırakmak isteyip de yine bir bahane bulup bırakmadık? Hangimiz yarın rejime başlayacağımızı söyleyip ertesi gün boş verip kilolarımızla mutluymuş gibi yapmaya devam etmedik? Hangimiz güzel bir hayatın hayalini kurup, yine de sorunlarla dolu bir bataklıkta batmaya devam etmedik? Her şeye bir bahane bulduk. Yani mazeret ürettik. Değişimden, değişimin getireceği yeni durumları yönetememekten korktuğumuz için vazgeçmekte zorlanırız ve mantıklı sebepler bularak mevcut duruma devam ederiz.

Vazgeçememe dürtüsünün altında yatan başka bir neden ise sahip olduğumuz inançlarla ilgilidir. Bu inançlar, doğumumuzdan itibaren bize öğretilen fikir ve yaşam biçimidir. Hepimiz zorluklara, olaylara, işkencelere, mobbinglere, tacizlere katlanma dürtüsü üzerine eğitildik. Her inanç biçiminde sabır vardır. Zorluklara karşı göğüs gerilmesi gereken sabır. Fakat bu sabır sizi bir yere götürmüyor veya sonucunda size bir rahatlama getirmiyorsa bu sabır olmaktan çıkmıştır.

Ve terk etmeme konusunda karşımıza, insan evladını en çok yönlendiren ve şekillendiren duygu çıkıyor: Korku. Korku bizim en mantıklı görünen kararlarımızı bile mantıksızlaştırabilir. Korku öyle baskın bir duygudur ki en güçlü görünen kişilerin bile karar almasını engeller. Hatta korku, biz farkında bile olmadan harekete geçerek bizi vazgeçmemiz gerekene daha da bağımlı bir hâle getirir. Sizi artık yönetmeye başlayan korkularınız bir adım ötede duran huzura erişmenizi bile etkiler. Çünkü korkunun sınırları beyninizde başlar. Şimdi terk etmeyi, bırakıp gitmeyi zorlaştıran sebepleri öğrendiğinize göre bunlarla nasıl mücadele edeceğinizi de öğrenmiş oldunuz. Terk etmeyi bırakırsanız, korkularınızı, ön yargılarınızı ve mazeretlerinizi de geri de bırakmış olursunuz. Teknolojiden, sistemden, robotik bir yaşamdan kurtulmak için siz de terk edin.

*

BEKLENTİLERİNİZİ KÜÇÜLTEREK YAŞAYIN

Hayatta o kadar çok şey istiyoruz ki isteklerimizin ve beklentilerimizin bir sınırı neredeyse yok. Üstelik isteklerimizin limitini de yüksek tutarak mutsuz bir yaşamın kapısını aralıyoruz. Peki, mutlu olmak için her şeye sahip olmak, her istediğimize ulaşabilmek mi gerekiyor? Eğer öyle olsaydı dolar milyarderleri dünyanın en mutlu insanları olurdu. En zenginler, en güçlüler, en refah seviyesine sahip insanlar bile mutluluğu tam olarak yakalayamadıklarına göre neyi atlıyorlar? Bu can alıcı sorunun cevabı, yüksek beklenti içinde olmak.

Peki, beklentinin miktarı, oranı, büyüklüğü ya da küçüklüğü mutluluk derecemizi etkiler mi? Kesinlikle. Bu konuya şöyle bir açıklama getireyim. Sabah kalkıp işe giden bir babanın çocuklarına "Akşam birer çikolatayı hak ettiniz." sözüyle evlatlarını bir beklenti içinde bırakır. Çocuklar o günün bir an önce bitmesini ve akşam olup çikolatalarına kavuşmanın hayalini kurar. Akşam olup babaları eve geldiğinde ise "Size çikolata sözü vermiştim ama yanında birer tane de dondurma getirdim." sözüyle çocukların mutluluğu iki katına çıkar. Çünkü onlar sadece çikolata beklerken dondurmaya da kavuşmuş oldular. Bunun tam tersini düşünürseniz eğer, çocuklara babaları hem dondurma hem de çikolata getireceği sözünü verip akşam sadece çikolata ile dönseydi, çocuklar isteklerinin yarısı yerine geldiği için mutluluk yerine üzüntü yaşayacaklardı.

Hayatlarımızı, çoğu gerçekçi olmayan beklentilerle çevrili olarak yaşarız. Bu beklentilerin boş çıkması bizi mutsuzluk denizinde boğulmaya kadar iter. Bunun önüne geçmek için ise beklentilerimizde bir düzenlemeye gitmemiz gerekir. Bu yüzden bize verilen her söze inanmamayı, gelecekle ilgili çok fazla beklenti içinde olmamayı, elde ettiğimiz mutluluğun ise sonuna kadar tadını çıkarmayı bilmeliyiz. Beklentilerinizi azaltın. Beklentilerinizi minimumda tutun. Emin olun küçük başarılar, küçük mucizeler, küçük hayaller sizin büyük mutluluklar yaşamanızı sağlayacaktır.

Hiç gelmeyecek ya da gerçekleşmeyecek şeyleri beklemek hayal kırıklığına yol açar. Hatta bu durum sizi depresyona bile sokabilir. Özellikle bu durum bir emek verdiğimiz iş ya da ilişkilerde meydana gelir. Emeğinizin karşılığını almak istersiniz. Fakat burada şöyle bir yanılgıya düşüyoruz. Bizim bir hayatımız olduğu gibi başkalarının da bir hayatı var. Ve beklentilerimizi başkalarının hayatları üzerine kurarsak bu bizde büyük yıkımlara yol açabilir. Bu yüzden hayata ne verirseniz verin bir beklenti içinde olmayın. Eğer hayat size, ona verdiklerinizi hatta daha fazlasını verirse bu sizi mutlu edecektir. Fakat hayata verdikleriniz size geri dönmüyorsa bunun için de üzülmeyin. Çünkü beklentisiz olarak hayata bir şeyler verdiğinizde bunun acısını yaşamak zorunda kalmazsınız. Burada uygulamanız gereken yöntem, koşullara uyabilme, kabullenme, direnmeyi bırakma, akışa uymaktır. Dünyada bu akışa uymayan tek canlı türü insandır. Bitkilerden hayvanlara kadar bütün canlılara baktığınızda, bulundukları ortama uyum sağladıkları, akışa göre yaşadıklarını görürsünüz. Fakat insan evladı bunu kabul etmez ve yaşadığı çevreyi değiştirmeye, yok etmeye, mükemmeli yakalamaya, olmuyorsa onu imha etmeye çalışır. Hatta bu çılgın düşünce bizi o kadar çepeçevre sardı ki yapay zekânın esiri hâline geldik. İnsanca yaşamaktan memnun olmadığımız için, insan olmanın bize vereceği bir haz kalmadığı için mekanikleşmeyi, makineleşmeyi, yapaylaşmayı ve sonumuzu getirecek teknolojik devrimleri gerçekleştirdik. Sonunda beklentileri karşılanmayan insan evladı kendi türünü yok edecek yapay bir tür üretmeyi başardı. Bu yüzden beklentilerimizi küçülterek, azaltarak yaşamak bizi insan yapan çevreyle uyumlu yaşayan bir tür hâline getirecektir.

*

SOSYAL MEDYANIN SİZDEN ÇALDIĞI 12 ŞEY

Çoğu insana sorduğunuzda sosyal medya olmadan yaşayamayacağını söyler. Aslında bu bütün bağımlıların karşılaştığı ana sorunlardan biri. Ürünü olan bağımlılık. Beynin belli bir ürüne olan saplantı hâli. Peki, bir savaş hâli, bir teknolojik yıkım yüzünden teknoloji tamamen hayatımızdan çıksa, yine de ölür müsünüz? Bunun cevabı çok basit: Hayır. Çünkü insanın en büyük içgüdüsü hayatta kalma içgüdüsüdür. Bu yüzden sosyal medya olmadan bir süre kriz yaşayabiliriz, kendimizi boşlukta hissedebiliriz. Fakat bunların hepsi geçici. Peki bu senaryonun gerçek olduğunu varsayarsak teknolojisiz geçecek olan günlerde hayatımızda neler değişir? İşte size cevaplar:

1. Sosyal medya olmadan geçen ilk haftanın krizi atlatıldıktan sonra ikinci haftada daha mutlu, daha bir kendiniz gibi olmaya başlayacaksınız. Kendinize ayırdığınız vakit miktarı arttıkça beğenilme kaygısı ortadan kalkacak "takdir görme" dürtüsü yok olacak. Böylece sosyal medyanın sizden çaldığı "sizi" geri almış olacaksınız.
2. Yaşamınız boyunca bir ekran karşısında geçen yıllarınız size kaldığında sayfa yenileme, yeni bir şeyler yükleme dürtünüz ortadan kalkacak. Böylece gerçek hayatı yaşamaya başlayacaksınız. Böylece sanallığın çölünden gerçekliğin Amazon'una geçiş süreciniz hızlanacak.
3. Farkında değilsiniz ama dolabınızda birkaç kıyafetiniz varsa, hava karardığında başınızı sokacak bir eviniz var-

sa ve akşam sofrada içecek bir tas çorbanız bulunuyorsa siz dünyadaki insanların %75'inden daha zenginsiniz. Bugüne kadar sosyal medyada hiç sahip olamayacağınız hayatları görüp üzülüyordunuz, artık sosyal medya hesabınız olmadığına göre, ulaşamadıklarınızla değil elinizde olanlarla mutlu olmayı öğreneceksiniz. Sosyal medya sizi sahip olamadıklarınızla mutsuz ederken, teknolojisiz bir hayatla mutluluğunuzu geri kazanmış olacaksınız.

4. Teknolojinin yaygınlaşmasıyla özlem duygusu, hasret bilinci kaybolmuştu. Telefonunuzu bir kenara bırakıp yanınızdaki insanla iletişim kurmayı unuttuğumuz için gerçek sosyalleşmekten uzak yaşıyorduk. Teknolojisiz geçen günlerin ardından bu değerleri geri kazanacağınız için içinizdeki boşluklar tek tek kapanacak. Hiç hissetmediğiniz bazı duyguları ilk defa tadacaksınız.
5. Sosyal medyadan çıkış yapıp gerçek dünyaya giriş yaptığınızda daha hareketli bir yaşama da kapı açmış olacaksınız. Saatlerce ekran başında geçen hareketsiz yaşamla aldığınız kiloları yavaş yavaş vermeye başlayacaksınız. Boş vaktiniz çok olacağı için egzersiz yapmaya yöneleceksiniz. Böylece hayatınız değişecek ve daha yeniliklere açık biri olacaksınız.
6. Sosyal medya ve teknoloji hayatınızdan çıktığında sizi özleyen insanların size ulaşmaya çalıştığını göreceksiniz. Gereksiz kalabalıklardan sıyrılıp, gerçek dostluğu, sevgiyi ve aşkı daha içten hissedeceksiniz. Yokluğunuzu hisseden sevdiklerinizden gelen her haber sizi mutlu edecek. Böylece asık bir surattan gülen bir yüze kavuşacaksınız. Vücudunuz bol bol endorfin salgılayacak.
7. Sosyal medya insanlarla olan iletişiminizi canlı tutmayı vadediyor olabilir ama bunun tam aksi gerçekleşiyor. Hatta sizi birbirinizden uzaklaştırıyor. Sosyal medyayı

kullanmayı bıraktığınızda hiçbir engel olmadan canlı bir iletişime, diyaloga ve arkadaşlığa sahip olacaksınız, dolayısıyla bağlarınız güçlenecek.

8. Gece yatağımızda yatarken derin düşüncelere dalmıyoruz. Teknoloji zamanla yaratıcılığımızı ve hayal gücümüzü öldürüyor. Teknolojiyi hayatımızdan çıkararak hayal gücümüzü yeniden kazanırız.
9. GPS teknolojisi hayatımızı o kadar kolaylaştırdı ki insanlar artık yol bulmanın, yol bulmaya çalışırken kaybolmanın ne demek olduğunu unuttular. GSP yokken insanlar ne yapıyordu? Ya kayboluyorlardı ya da yoldan geçen insanlara soruyorlardı. Sosyal medya hesapları arasında değil de gerçek dünyada, sokaklarda ya da bir ormanda kaybolmayı hiç deneyimlediniz mi? Artık teknoloji hayatınızda olmadığına göre bunu yapmanın tam zamanı.
10. Batı dünyası; büyük metropollerden oluşan bu dünya, gürültü dolu. Huzur ve denge ise sessizlikte gizli. Kendimizi bu gürültülü dünyadan koparmak için hemen kulaklıklarımıza sarılırız. Bağlantı kurar, rahatsız edici seslerin yokluğunun keyfini çıkarır ve sessizliğin kıymetini bilmeye başlarız.
11. Daha da fazlası, gördüğümüz her şeyin fotoğrafını çekmeye o kadar alıştık ki gördüğümüz manzaraların keyfini tam anlamıyla çıkarma fırsatını kaybediyoruz. Bir fotoğraf makinesinin lensi ya da bir telefonun ekranı aracılığıyla güzelliklerin, kokuların, seslerin ya da doğadaki duyguların değerini bilemeyiz. Teknolojinin yokluğu bu değerleri daha iyi bilmenizi sağlayacak.
12. Bugün, birine bir mesaj attığımızda hemen cevap alamamak büyük bir strese kapılmamıza sebep oluyor. WhatsApp'taki küçük mavi tiklere ya da Facebook'taki "Görüldü" işaretine rağmen cevap alamadığınızda stres

seviyeniz yükseliyor. Bu enerji emici teknolojik aletlerden ve sosyal medyadan uzaklaşınca bu streslerden ve kaygılardan da uzaklaşıp ehvenişer bir huzuru içinize çekeceksiniz. Sakinlik size çok iyi gelecek. Sahi en son ne zaman güneşin batışını, yağmur damlaların yere düşüşünü ya da kuşların uçuşunu seyrettiniz? Hadi o zaman girift yaşam tarzını bırakıp minimalist bir hayata geçiş yapalım.

BU BİR UYARIDIR!

Yapay zekâ insan ırkını alt ettiğinde, bizim şu an Afrika'daki ilkel kabilelere baktığımız gibi bize bakacak. Ve bu savaşı, gece gündüz yanımızdan ayırmadığımız teknolojik aletlerimiz sayesinde kazanacak. "Uyanın!" Bizim en büyük düşmanımız çok çok yakınımızda. Sistemden çıkmak için, teknoloji bağımlılığına son vermek için son virajdasınız. Ya o çok sevdiğiniz telefonlarınıza ve sosyal medya hesaplarınıza veda edeceksiniz ya da sistemin kölesi olacaksınız. Eğer bunu başaramazsak, yaşanacak büyük kıyametin tek kazananı yapay zekâ olacak.

www.ingramcontent.com/pod-product-compliance
Lightning Source LLC
LaVergne TN
LVHW100148061126
851857LV00010B/289